新时代
怎样做到精准扶贫

XINSHIDAI
ZENYANG ZUODAO JINGZHUN FUPIN

张占斌 张青 编著

河北出版传媒集团
河北人民出版社
石家庄

图书在版编目（CIP）数据

新时代怎样做到精准扶贫 / 张占斌，张青编著. --
石家庄：河北人民出版社，2018.2（2020.9 重印）
ISBN 978-7-202-12947-0

Ⅰ. ①新… Ⅱ. ①张… ②张… Ⅲ. ①扶贫—研究—
中国 Ⅳ. ①F126

中国版本图书馆 CIP 数据核字（2018）第 029851 号

书　　名　新时代怎样做到精准扶贫
编　　著　张占斌　张　青

策划编辑　荆彦周
责任编辑　唐　丽　高　菲
美术编辑　于艳红
封面设计　张　宾
责任校对　余尚敏

出版发行　河北出版传媒集团　河北人民出版社
（石家庄市友谊北大街 330 号）
印　　刷　河北新华第二印刷有限责任公司
开　　本　787 毫米×1092 毫米　1/16
印　　张　16.5
字　　数　173 000
版　　次　2018 年 2 月第 1 版　　2020 年 9 月第 6 次印刷
书　　号　ISBN 978 - 7 - 202 - 12947 - 0
定　　价　38.00 元

目　录

MULU

引　言

党的十八届五中全会描绘了我国“十三五”时期的发展蓝图。党的十九大提出“不忘初心，牢记使命，高举中国特色社会主义伟大旗帜，决胜全面建成小康社会，夺取新时代中国特色社会主义的伟大胜利，为实现中华民族伟大复兴的中国梦不懈奋斗”，明确了新时代中国发展的新目标、新部署、新方略、新任务和新举措。

决胜全面建成小康社会，最艰巨的任务是脱贫攻坚。2015年11月，中央召开了扶贫开发工作会议，发布了《关于打赢脱贫攻坚战的决定》。习近平总书记从战略和全局高度，深刻阐述了推进脱贫攻坚的重大意义，对当前和今后一个时期脱贫攻坚任务作出部署，明确了新时期扶贫开发工作的大政方针、目标任务、总体要求。李克强总理多次作出重要指示，强调要拿出更加有力的政策措施大力支持脱贫攻坚。打赢脱贫攻坚战的冲锋号已经吹响。

党的十九大报告中，习近平总书记从“提高保障和改善民生水平，加强和创新社会治理”角度，强调“全党必须牢记，为什么人的问题，是检验一个政党、一个政权性质的试金石。带领人民创造美好生活，是我们党始终不渝的奋斗目标。必须始终把人民利益摆在至高无上的地位，让改革发展成果更多更公平惠及全体人民，朝着实现全体人民共同富裕不断迈进”。同时，对坚决打赢脱贫攻坚战提出新的要求：“让贫困人口和贫困地区同全国一道进入全面小康社会是我们党的庄严承诺。要动员全党全国全社会力量，坚持精准扶贫、精准脱贫，坚持中央统筹省负总责市县抓落实的工作机制，强化党政一把手负总责的责任制，坚持大扶贫格局，注重扶贫同扶志、扶智相结合，深入实施东西部扶贫协作，重点攻克深度贫困地区脱贫任务，确保到二〇二〇年我国现行标准下农村贫困人口实现脱贫，贫困县全部摘帽，解决区域性整体贫困，做到脱真贫、真脱贫。”

回顾中国共产党的历史，我们党将全心全意为人民服务作为根本宗旨，始终把群众利益放在首位，无论是在革命时期，还是在建设时期，都致力于改变我国贫穷落后的面貌，不断改善群众的生活水平，带领大家“脱贫困、奔小康”，共同发家致富。

1921年7月我们党成立后，就开始带领全国人民为争取民族独立、国家富强、人民富裕而奋斗。当时，我国已沦为半殖民地半封建社会，军阀割据，战乱不已，列强对我国的侵略步步进逼，国家羸弱，人民饥寒交迫，过着极端贫困的生活。为改变这种家国积弱的面貌，中国共产党人在革命中抓住社会的主要矛盾，积极进行反帝反封建的斗争。特别是在农村牢牢抓住土地这个关键问题，领导广大贫苦农民“打土豪、分田地”。在各抗日根据地实行“减租减息”，在解放区进行了大规模土地改革，实现“耕者有其田”。土地革命时期，仅闽西革命根据地，在1929年下半年，就解决了50多个区500多个乡的土地问题，使60多万人得到土地。在湘鄂西革命根据地，沔阳姚家河600多人中，就有140多人参加了革命队伍。解放战争时期，我们党在更广泛的范围内进行了土地改革，在一亿人口的老区和半老区，基本消灭了封建土地制度。广大农民分得土地后，生产积极性极为高涨，生活很快得到改善，同时他们革命的积极性也被极大地激发出来。晋冀鲁豫解放区参军农民累计达148万人，山东解放区先后有59万青年参军，还有700万民工随军征战。正是因为密切联系群众、为了群众、依靠群众，我们才凝聚起强大的力量，取得了革命战争的胜利，彻底结束了旧中国一盘散沙的局面，为国家富强、人民富裕创造了政治条件。

1949年新中国成立后，我们党开始带领人民在全国范围内消除贫困。当时我国是世界上最贫穷的国家之一。根据联合国统计资料显示，1949年我国人均国民收入只有27美元，不足亚洲平均44美元的三分之二。当时，我国近90%的人口是农民，绝大多数贫困人口也是农民。为改变大多数农民的贫困生活，1950年底，开始在全国新解放区进行土地改革，到1952年底，约有3亿无地和少地的农民，分得约7亿亩土地。1953年底，毛泽东主席提出了带领农民共同富裕的思想，他认为农民光有土地还是不够的，必须要实行农业合作化制度，走社会主义道路。我们党开始倡导农民办互助组，进而办农业合作社，引导农民走农业合作化道路。到1956年底，基本完成了对农业的社会主义改造，绝大多数农民走上了农业合作化道路。同时，我国社会主义基本制度初步建立。土地改革的全面完成和社会主义制度的建立，为我国彻底消除贫困奠定了制度基础，也激发了全国人民的生产热情，极大地促进了当时国民经济和社会的发展，有效地缓解了农村极端贫困的状况，也使城市居民生活水平有了很大的改善。

1978年改革开放后，我们党开始在全国范围内实施有组织、有计划、大规模的扶贫开发。由于改革开放前过于注重生产关系，忽略了生产力的重要性，到1978年改革开放时，我国农村还有2.5亿贫困人口，主要原因就在于当时农业固守原有经营体制，造成农民生产积极性低下，影响了生产力的发展。因此，我们党首先在农村进行改革，建立了以家庭承包经营为基础的双层经营体制，大大解放和发展了生产力，使农村大面积贫困问题得到缓解。1986年，为更好地开展扶贫工作，国务院扶贫开发领导小组及办公室成立，开始在全国实施有组织、有计划、大规模的开发式扶贫。1994年后，先后制定并颁布实施了《国家八七扶贫攻坚计划（1994—2000年）》和《中国农村扶贫开发纲要（2001—

2010年）》。到2010年，基本解决了农村居民的温饱问题。2011年，颁布实施《中国农村扶贫开发纲要（2011—2020年）》，提高扶贫标准，确定了14个连片特困地区为扶贫开发主战场，提出了“两不愁、三保障”目标。

党的十八大以来，扶贫开发进入新的历史阶段。我们党把扶贫开发工作摆在更加突出的位置，习近平总书记连续3年第一次国内考察都是到贫困地区看真贫，在重要会议上发表关于扶贫重要讲话20余次，力度之大，前所未有。“小康不小康，关键看老乡”，习近平总书记明确提出，确保到2020年我国现行标准下农村贫困人口实现全部脱贫。根据面临的新形势新任务，我们党制定了一系列重大举措，大力实施精准扶贫、精准脱贫。经过改革开放37年的努力，我们党使7亿多农村贫困人口成功脱贫，这为全面建成小康社会打下了坚实基础。我国成为世界上减贫人口最多的国家，也是世界上率先完成联合国千年发展目标的国家，为世界减贫事业作出了巨大贡献。

我们党成立90多年来，坚持不懈地领导人民消除贫困，走共同富裕之路，取得了巨大的成就，取得了革命、建设的胜利并不断巩固胜利果实，在国际风云变幻中，保持我们党的执政地位和社会主义制度岿然不动。同时，也向广大发展中国家提供了借鉴经验，向世界充分证明了我们党治国理政的执政能力和中国特色社会主义制度的优越性。

第一章

十八大以来中央关于扶贫开发的战略部署

党的十八大报告首次正式提出全面建成小康社会。十八届五中全会强调，全面建成小康社会，最艰巨的任务是脱贫攻坚。通过走访调查，深入实际，深入基层，深入群众，以习近平同志为核心的党中央在实践中形成了精准扶贫、精准脱贫的扶贫开发战略思想。这一战略思想贯穿于十八大以来中央关于扶贫开发的战略部署之中，体现在全国人民决胜全面建成小康社会的不懈奋斗之中。

党的十九大报告再次强调：“确保到二〇二〇年我国现行标准下农村贫困人口实现脱贫，贫困县全部摘帽，解决区域性整体贫困，做到脱真贫、真脱贫。”

可以看出，精准扶贫、精准脱贫贵在精准，重在精准。真扶贫、扶真贫是根本，因地制宜、因人制宜开展扶贫是关键，体现了系统观和生态观，是脱贫攻坚的内在要求，是全面消除贫困的“倚天剑”，为决胜全面建成小康社会提供了重要保障。

一、精准扶贫是脱贫攻坚的内在要求

消除贫困、改善民生、实现共同富裕，是社会主义的本质要求，是我们党的重要使命。扶贫开发进入21世纪后，除少数社会保障对象和生活在自然环境恶劣地区的特困人口，以及部分残疾人外，全国农村贫困人口的温饱问题基本解决，实现了贫困地区广大农民群众千百年来吃饱穿暖的愿望。2011年，我国颁布实施《中国农村扶贫开发纲要（2011—2020年）》，提高扶贫标准，扶贫开发工作进入新阶段。2012年，党的十八大提出全面建成小康社会目标，全面脱贫成为我党的重要使命。革命老区、民族地区、边疆地区及连片特困地区成了脱贫攻坚工作的重中之重。

党中央已经意识到没有农村的小康，特别是没有贫困地区的小康，就没有全面建成小康社会。扶贫开发工作面临着十分艰巨而繁重的任务，已进入“啃硬骨头”、攻坚拔寨的冲刺期。形势逼人，形势不等人。因此，习近平总书记于2015年6月18日在贵州召开的部分省区市党委主要负责同志座谈会上强调指出：各级党委和政府必须增强紧迫感和主动性，在扶贫攻坚上进一步理清思路、强化责任，采取力度更大、针对性更强、作用更直接、效果更可持续的措施，特别要在精准扶贫、精准脱贫上下更大功夫。全面建成小康社会最艰巨最繁重的任务在农村，特别是在贫困地区，必须把握时间节点，努力补齐短板。2015年10月，党的十八届五中全提出，脱贫攻坚最突出的短板在于农村还有7000多万贫困人口。

精准扶贫是扶贫开发发展到新阶段的思想飞跃，是脱贫攻坚关键期的内在要求，是全面消除贫困的战略选择。2013年至2016年，我国现行标准下的农村贫困人口由9899万人减少至4335万人，年均减少1391万人；农村贫困发生率由10.2%下降至4.5%，年均下降1.4个百分点。贫困地区群众收入增长较快，生产生活条件明显改善，为全面决胜小康社会打下了坚实基础。

二、精准扶贫的科学内涵在于“精准”

根据《关于创新机制扎实推进农村扶贫开发工作的意见》（中办发〔2013〕25号文件），精准扶贫是指通过对贫困户和贫困村精准识别、精准帮扶、精准管理和精准考核，引导各类扶贫资源优化配置，实现扶贫到村到户，逐步构建扶贫工作长效机制，为科学扶贫奠定坚实基础。精准扶贫、精准脱贫贵在“精准”二字。2014年12月，中央经济工作会议指出：要更多面向特定人口、具体人口，实现精准脱贫，防止平均数掩盖大多数。“精准”内涵涵盖“六个精准”，各地在扶贫过程中一定要贯彻“六个精准”要求，用“六个精准”指导实际工作。2015年6月，习近平总书记在部分省区市党委主要负责同志座谈会上要求：扶贫开发贵在精准，重在精准，成败之举在于精准。各地都要在扶持对象精准、项目安排精准、资金使用精准、措施到户精准、因村派人（第一书记）精准、脱贫成效精准上想办法，出实招，见真效。

要坚持因人因地施策，因贫困原因施策，因贫困类型施策，区别不同情况，做到对症下药、精准滴灌、靶向治疗，不搞大水漫灌、走马观花、大而化之。要因地制宜研究实施“四个一批”的扶贫攻坚行动计划，即通过扶持生产和就业发展一批，通过移民搬迁安置一批，通过低保政策兜底一批，通过医疗救助扶持一批，实现贫困人口精准脱贫。

党中央非常重视扶贫成效，2015年11月，中央扶贫开发工作会议强调：要坚持精准扶贫、精准脱贫，重在提高脱贫攻坚成效。关键是要找准路子、构建好的体制机制，在精准施策上出实招、在精准推进上下实功、在精准落地上见实效。要解决好“扶持谁”的问题，确保把真正的贫困人口弄清楚，把贫困人口、贫困程度、致贫原因等搞清楚，以便做到因户施策、因人施策。要解决好“谁来扶”的问题，加快形成中央统筹、省（自治区、直辖市）负总责、市（地）县抓落实的扶贫开发工作机制，做到分工明确、责任清晰、任务到人、考核到位。

党中央的这些论述突出了精准扶贫、精准脱贫的精准内涵，体现了其“真”的扶贫观，强调了扶贫工作“要看真贫、扶真贫、真扶贫，少搞一些盆景，多搞一些惠及广大贫困人口的实事”；要用真心、有真情、了解真情况，拿出真办法，实事求是，真抓实干；要把扶贫资源靶向瞄准真贫困，对真贫困分析真原因，精准进行分类施策，精准进行监督管理，精准进行成效考核，从而真脱贫，不返贫，为全面脱贫奔小康提供保障。

三、精准扶贫的基本途径是“五个一批”

精准扶贫怎么扶？党中央提出应该坚持实事求是原则，具体问题具体分析，运用科学有效手段精准识别扶贫对象，精准分析贫困地区环境和贫困人口具体情况，因地因人施策，因贫困原因施策，因贫困类型施策，通过实施好“五个一批”工程，即发展生产脱贫一批，易地搬迁脱贫一批，生态补偿脱贫一批，发展教育脱贫一批，社会保障兜底一批，达到扶贫、脱贫目的。实施“五个一批”工程是精准扶贫的基本途径，有效解决了“怎么扶”的问题。

2015年11月，中央扶贫开发工作会议指出：一是发展生产脱贫一批，引导和支持所有有劳动能力的人依靠自己的双手开创美好明天，立足当地资源，实现就地脱贫。二是易地搬迁脱贫一批，贫困人口很难实现就地脱贫的要实施易地搬迁，按规划、分年度、有计划组织实施，确保搬得出、稳得住、能致富。三是生态补偿脱贫一批，加大贫困地区生态保护修复力度，增加重点生态功能区转移支付，扩大政策实施范围，让有劳动能力的贫困人口就地转成护林员等生态保护人员。四是发展教育脱贫一批，治贫先治愚，扶贫先扶智，国家教育经费要继续向贫困地区倾斜、向基础教育倾斜、向职业教育倾斜，帮助贫困地区改善办学条件，对农村贫困家庭幼儿特别是留守儿童给予特殊关爱。五是社会保障兜底一批，对贫困人口中完全或部分丧失劳动能力的人，由社会保障来兜底，统筹协调农村扶贫标准和农村低保标准，加大其他形式的社会救助力度。要加强医疗保险和医疗救助，新型农村合作医疗和大病保险政策要对贫困人口倾斜。

2017年6月，在山西召开的深度贫困地区脱贫攻坚座谈会上，习近平总书记就山西问题谈扶贫观点，再次强调：只要我们集中力量，找对路子，对居住在自然条件特别恶劣地区的群众加大易地扶贫搬迁力度，对生态环境脆弱的禁止开发区和限制开发区群众增加护林员等公益岗位，对因病致贫群众加大医疗救助、临时救助、慈善救助等帮扶力度，对无法依靠产业扶持和就业帮助脱贫的家庭实行政策性保障兜底，就完全有能力啃下这些硬骨头。

“五个一批”工程是党中央在实际工作中不断探索得出的精准扶贫的基本途径，形成了关于“精准扶贫”的方法论，对于贫困地区、贫困户因地制宜、因人制宜进行精准施策，实现精准脱贫具有重要指导意义和价值。

四、精准扶贫是一项系统工程

精准扶贫是个系统工程，其系统性体现在四个方面：一是外生与内生的系统性；二是地域协调的系统性；三是扶贫方式的系统性；四是扶贫力量的系统性。外生与内生的系统性体现在“输血”与“造血”的关系上，一方面要继续加大帮扶力度，进行“输血”；另一方面要充分调动贫困地区干部群众的积极性和创造性，激发内生动力，增强贫困人口自我发展能力，进行“造血”。地域协调的系统性体现在城乡统筹、东西部统筹脱贫上。扶贫方式的系统性体现在多措并举扶贫中。扶贫力量的系统性则体现在聚社会合力扶贫上。

（一）关于外生与内生的系统性

2014年9月，中央民族工作会议指出：要发挥好中央、发达地区、民族地区三个积极性，对边疆地区、贫困地区、生态保护区实行差别化的区域政策，优化转移支付和对口支援体制机制，把政策动力和内生潜力有机结合起来。政策与潜力的结合就是输血与造血的结合。2017年6月，深度贫困地区脱贫攻坚座谈会强调：要注重调动贫困群众的积极性、主动性、创造性，注重培育贫困群众发展生产和务工经商的基本技能，注重激发贫困地区和贫困群众脱贫致富的内在活力，注重提高贫困地区和贫困群众自我发展能力。要改进工作方式方法，改变简单给钱、给物、给牛羊的做法，多采用生产奖补、劳务补助、以工代赈等机制，不大包大揽，不包办代替，教育和引导广大群众用自己的辛勤劳动实现脱贫致富。

（二）关于地域协调的系统性

2015年4月，习近平总书记在主持中共中央政治局第二十二次集体学习时指出：全面建成小康社会，最艰巨最繁重的任务在农村特别是农村贫困地区。我们一定要抓紧工作、加大投入，努力在统筹城乡关系上取得重大突破，特别是要在破解城乡二元结构、推进城乡要素平等交换和公共资源均衡配置上取得重大突破，给农村发展注入新的动力，让广大农民平等参与改革发展进程、共同享受改革发展成果。

绝大多数贫困人口在农村，统筹城乡可以增强农村活力，加快脱贫步伐。

（三）关于扶贫方式的系统性

2015年10月，《中共中央关于制定国民经济和社会发展第十三个五年规划的建议》中指出：通过产业扶持，可以解决3000万人脱贫；通过转移就业，可以解决1000万人脱贫；通过易地搬迁，可以解决1000万人脱贫，总计5000万人左右。还有2000多万完全或部分丧失劳动能力的贫困人口，可以通过全部纳入低保覆盖范围，实现社保政策兜底脱贫。2017年6月，深度贫困地区脱贫攻坚座谈会强调：对居住在自然条件特别恶劣地区的群众加大易地扶贫搬迁力度，对生态环境脆弱的禁止开发区和限制开发区群众增加护林员等公益岗位，对因病致贫群众加大医疗救助、临时救助、慈善救助等帮扶力度，对无法依靠产业扶持和就业帮助脱贫的家庭实行政策性保障兜底。扶贫方式的系统采用是打赢脱贫攻坚战的重要保障。

（四）关于扶贫力量的系统性

2015年6月，在贵州召开的部分省区市党委主要负责同志座谈会上，习近平总书记说：扶贫开发是全党全社会的共同责任，要动员和凝聚全社会力量广泛参与。要坚持专项扶贫、行业扶贫、社会扶贫等多方力量、多种举措有机结合和互为支撑的“三位一体”大扶贫格局，健全东西部协作、党政机关定点扶贫机制，广泛调动社会各界参与扶贫开发积极性。2017年6月，深度贫困地区脱贫攻坚座谈会提出“三位一体”大扶贫格局，要求各级财政要加大对深度贫困地区的转移支付规模，增加金融投入对深度贫困地区的支持，资本市场要注意对深度贫困地区的上市企业安排，保险机构要适当降低对深度贫困地区的保费收取标准。要求增加建设用地对深度贫困地区支持力度。通过各种举措，形成支持深度贫困地区脱贫攻坚的强大投入合力。

精准扶贫的系统观还体现在管理工作等扶贫工作的方方面面。外生与内生的配合，城乡统筹与东西部统筹，多种方式的合理使用，多类资源的综合发力，是精准扶贫系统观的主要构成，共同形成靶向精准脱贫目标的综合系统。

五、精准扶贫必须坚持绿色发展理念

“既要绿水青山，又要金山银山”“绿水青山就是金山银山”，强调精准扶贫、精准脱贫必须保证生态与发展的协调统一。产业发展要坚持因地制宜、发挥资源优势、发展特色产业，走绿色发展之路，形成良性环保产业链，开辟一条生态、生产、生活“三生统一”的扶贫、脱贫之路。

2015年2月，在主持召开陕甘宁革命老区脱贫致富座谈会上，习近平总书记要求：推动陕甘宁革命老区发展，必须结合自然条件和资源分布，科学谋划、合理规划，在发展中要坚决守住生态红线，让天高云淡、草木成荫、牛羊成群始终成为黄土高原的特色风景。2016年3月，习近平总书记参加十二届全国人大四次会议青海代表团的审议时强调，生态环境没有替代品，用之不觉，失之难存。在生态环境保护建设上，一定要树立大局观、长远观、整体观，坚持保护优先，坚持节约资源和保护环境的基本国策，像保护眼睛一样保护生态环境，像对待生命一样对待生态环境，推动形成绿色发展方式和生活方式。

党的十九大报告强调：必须树立和践行“绿水青山就是金山银山”的理念，坚持节约资源和保护环境的基本国策，像对待生命一样对待生态环境，统筹山水林田湖草系统治理，实行最严格的生态环境保护制度，形成绿色发展方式和生活方式，坚定走生产发展、生活富裕、生态良好的文明发展道路，建设美丽中国，为人民创造良好生产生活环境，为全球生态安全作出贡献。以“绿水青山就是金山银山”为指导开发的一系列生态农业、生态工业、生态旅游等，转变了人类的生产生活方式，开辟出扶贫脱贫的一条新路，更贴合全面小康社会要求，有利于满足人民日益增长的美好生活需要。

党的十九大还强调：让贫困人口和贫困地区同全国一道进入全面小康社会是我们党的庄严承诺。要动员全党全国全社会力量，坚持精准扶贫、精准脱贫，坚持中央统筹省负总责市县抓落实的工作机制，强化党政一把手负总责的责任制，坚持大扶贫格局，注重扶贫同扶志、扶智相结合，深入实施东西部扶贫协作，重点攻克深度贫困地区脱贫任务，确保到二〇二〇年我国现行标准下农村贫困人口实现脱贫，贫困县全部摘帽，解决区域性整体贫困，做到脱真贫、真脱贫。

我们坚信，在以习近平同志为核心的党中央领导和推动下，在精准扶贫、精准脱贫重要思想引领下，坚持扶贫的精准性，秉持扶贫的系统观、生态观，用真心真情，重真抓实干，就一定能如期实现脱贫目标，为全面建成小康社会提供重要保障。

第二章

充分认识精准扶贫的重要性与艰巨性

中国是世界上最大的发展中国家。改革开放30多年来，中国人民积极探索、顽强奋斗，走出了一条中国特色扶贫开发道路。习近平总书记指出，消除贫困、改善民生、实现共同富裕，是社会主义的本质要求。全面建成小康社会，最艰巨最繁重的任务在农村，特别是贫困地区。农村贫困人口能否脱贫，已成为全面建成小康社会的短板和重中之重，在全面建成小康社会的决胜阶段，我们必须尽最大努力补上这块短板。

一、脱贫工作成绩斐然

我国是世界上减贫人口最多的国家，也是全球最早实现千年发展目标中减贫目标的发展中国家。自20世纪70年代末以来，累计已有7亿多人摆脱了贫困，对世界减贫的贡献率超过70%。联合国开发计划署2015年发布的《联合国千年发展目标报告》指出："中国的减贫为实现联合国发展目标作出了贡献，为其他国家提供了学习经验。"

我国的贫困人口大多集中在农村。按每人每年2300元（2010年不变价）的农村贫困标准计算，2016年农村贫困人口4335万人，比2012年减少5564万人；贫困发生率下降到4.5%，比2012年下降5.7个百分点，相比1990年60%的贫困发生率，取得卓越成绩。2013年到2016年，贫困地区农村居民人均可支配收入年均实际增长10.7%，比全国农村居民收入快2.7个百分点，贫困地区农民收入增长快于全国。截至2017年11月，已有包括河南省兰考县、河北省望都县等28个国家级贫困县脱贫摘帽。

2011—2016年全国农村贫困人口数据及贫困发生率

年度	标准（元）	当年贫困人口减少（万人）	年底贫困人口（万人）	贫困发生率（%）
2010	2300		16566	17.27
2011	2536	4328	12238	12.70
2012	2673	2339	9899	10.20
2013	2736	1650	8249	8.50
2014	2800	1232	7017	7.20
2015	2855	1442	5575	5.70
2016	2952	1240	4335	4.50

注：数据根据国家统计局、国务院扶贫办网站公布数据整理。

“十二五”期间，国家集中连片特困地区在新建农村公路、解决居民的饮水安全问题、用电问题和危房改造方面取得很大成就。综合立体交通运输网络正在形成，部分地区不通高速公路、铁路已经成为了历史。农村义务教育学生营养改善计划、中等职业教育学生免学费政策在集中连片特困地区全覆盖。贫困地区新农合参保率达98%以上，农村低保和基本养老保险全覆盖。

同时，我国扶贫开发机制创新迈上了新台阶。中央提出了精准扶贫的工作思路，摸清了全国贫困村、贫困户底数，完成了贫困人口建档立卡，为开展精准扶贫奠定了基础。探索建立了贫困县考核和约束机制，健全了社会扶贫组织动员机制，完善了投入机制。各地省级财政扶贫投入预算2015年达到284.12亿元，同比增长20%；中央财政2015年安排专项扶贫资金467.45亿元，同比增长8%。2016年，省级财政专项扶贫资金预算超过400亿元，比上年增长50%以上，中央财政专项扶贫资金增加到667亿元，比上年增长43.4%。2017年6月，中央财政拨付2017年财政专项扶贫资金累计860.95亿元。

2013—2017年，中央财政专项扶贫资金累计投入2787亿元，平均每年增长22.7%；省级财政扶贫资金累计投入1825亿元，平均每年增长26.9%。安排地方政府债务1200亿元，用于改善贫困地区生产生活条件。[①]财政涉农资金统筹整合使用试点扩大到所有贫困县。金融扶贫力度明显加大。国家设立扶

① 韩俊：“坚决打赢脱贫攻坚战”，《党的十九大报告辅导读本》，第350页，人民出版社，2017年版。

贫日，社会扶贫激励政策逐步完善，各方面参与的大扶贫格局初步形成。

党的十八大以来，贫困地区群众收入增长较快，生产生活条件明显改善，贫困地区面貌明显改善。习近平总书记在十九大报告中提到："脱贫攻坚战取得决定性进展，六千多万贫困人口稳定脱贫，贫困发生率从10.2%降到4%以下。"党的十八大以来的脱贫成效，创造了我国扶贫史上的最好成绩。我国提前10年实现了联合国2030年可持续发展议程确定的减贫目标。

二、脱贫攻坚形势严峻

在看到斐然成绩的同时，我们要更加保持头脑清醒。多年来持续不断的扶贫开发，能解决的都解决了，没解决的都是难啃的"硬骨头"，脱贫攻坚依然任重道远。表现在以下几个方面。

（一）贫困群体规模仍然较大

截至2016年底，按照每人每年2300元（2010年不变价）的贫困标准计算，仍有农村贫困人口4335万人，主要分布在民族地区、革命老区、边疆地区和中西部地区，贫困群体规模仍然较大、贫困程度较深。其中，贵州、云南、河南、广西、湖南、四川6省区贫困人口数量在全国排在前列；西藏、甘肃、新疆、贵州、云南5省区贫困发生率超过15%。

经过30多年的持续扶贫开发，目前剩下的贫困人口有些居住在深山区、石山区、高寒山区、沙化区和荒漠化区，生态条件恶劣、基础设施薄弱、公共服务滞后，扶贫难以见效；有些缺乏劳动工具、安全住房、干净水等基本生产生活条件；还有的贫困者非残即病，缺乏内生发展的能力。大都是贫中之贫，困中之困。2017年2月21日，习近平总书记在中共中央政治局第三十九次集体学习时也指出：今后几年我国脱贫攻坚面临着十分艰巨的任务。越往后脱贫难度越大，因为剩下的大都是条件较差、基础较弱、贫困程度较深的地区和群众。

（二）贫困地区和贫困人口的发展能力和内生动力较弱

老少边穷地区贫困问题集中，贫困人口普遍存在受教育程度低、健康水平低的“两低”情况，自我发展能力弱。建档立卡贫困村70.8%没有集体经济，内生发展动力严重不足。贫困人口之贫困因素较多，因病致贫、因学致贫突出，缺资金、缺技术普遍，因病返贫、因灾返贫、因市场风险返贫常见。

贫困群众是扶贫攻坚的对象，更是脱贫致富的主体，在政策和资金倾斜的情况下，如果不注重调动群众积极性、主动性、创造性，反而会助长等靠要思想。党和政府有责任帮助贫困群众致富，但不能大包大揽，否则再多的扶贫资金也只能管一时，不能管长久。

虽然中央财政投入扶贫的资金总量一直在增加，但同脱贫攻坚的需求相比仍显不足，财政扶贫资金分配和使用效率有待提高。加大中央和省级财政扶贫投入，发挥政策性金融、开发性金融、商业性金融和合作性金融之间的互补作用，整合各类扶贫资源，拓宽资金来源渠道。创新扶贫开发政策，完善资源开发收益分享机制，提高贫困地区的内生动力。同时实施贫困地区人才支持计划和本土人才培养计划，提高贫困地区的发展能力。

（三）脱贫攻坚工作力度亟待加大

打赢脱贫攻坚战，还需破解一系列难题。一是扶贫开发责任还没有完全落到实处，还存在扶贫认识不到位、措施不得力的突出问题。有的地方特别是贫困县党委和政府还没有把脱贫攻坚作为主要任务。二是没有形成扶贫合力，扶贫投入总量仍然不足、渠道比较分散、效率总体不高，面向贫困人口的普惠性金融服务机制还不健全。三是精准扶贫体制机制还不健全，识别不准，施策不细，因地制宜、分类指导还有待加强。四是贫困地区和贫困人口的主观能动性还有待提高。在部分地区的部分贫困户，国家帮助修建了大棚，还要等着政府买种子、买机械、供肥料、供技术；部分地区低保补助水平较高，低保户什么都不用干，躺着吃低保，等靠要思想严重，缺乏内生动力。

脱贫攻坚时间紧、任务重，现在到2020年所余时间不多，4000多万贫困人口要全部实现脱贫，意味着每年要减少贫困人口1000万以上。而且，经过多年的努力，容易脱贫的地区和人口已经基本脱贫了，剩下的贫困人口大多贫困程度较深，自身发展能力比较弱，越往后脱贫攻坚成本越高、难度越大。以前出台一项政策、采取一项措施就可以解决成百万甚至上千万人的贫困，现在减贫政策效应递减，需要以更大的投入实现脱贫目标。在脱贫攻坚工作中，要贯彻落实创新、协调、绿色、开放、共享的发展理念，充分发挥政治优势和制度优势，决不让贫困地区和贫困人口在全面建成小康社会征程中落伍掉队。打好脱贫攻坚战，是"十三五"期间的头等大事和第一民生工程，必须坚持把扶贫脱贫作为我们党治国理政的一项重要工作。

三、决胜脱贫攻坚不容有失

习近平总书记指出：我国扶贫开发工作已进入啃"硬骨头"、攻坚拔寨的冲刺期。"攻坚拔寨"就是决战决胜，就是最后的时期。各级各部门要充分认识到脱贫攻坚是当前的一项重大政治任务、重大发展任务、重大民生任务和重大行动部署，要更加自觉、更加主动地打赢打好扶贫开发这场输不起的战斗。

（一）打赢脱贫攻坚战是巩固党执政基础的内在要求

全心全意为人民服务是中国共产党的根本宗旨。党的十九大报告强调："全党必须牢记，为什么人的问题，是检验一个政党、一个政权性质的试金石。带领人民创造美好生活，是我们党始终不渝的奋斗目标。必须始终把人民利益摆在至高无上的地位，让改革发展成果更多更公平惠及全体人民，朝着实现全体人民共同富裕不断迈进。”

只有始终践行以人民为中心的发展思想，坚持为人民服务的根本宗旨，真正做到为人民造福，全体人民过上了好日子，才能巩固党的执政基础。只有把贫困群众的衣食住行和教育、就业、保障、医疗等民生问题解决好，才能真正体现以人为本、执政为民。只有做到为民造福，我们党的执政基础才能坚如磐石。

新中国成立以来，党和政府始终重视消除贫困，不断加大扶贫开发工作力度，尤其是改革开放以后，在党中央、国务院的领导下，扶贫开发工作成效显著，得到了广大人民的支持和拥护。在侧重农村贫困人口脱贫力度、完善贫困地区基础设施和公共服务、促进贫困地区经济发展等方面成果显著。党的十九大誓言决胜全面建成小康社会，如期打赢脱贫攻坚战，更是体现了我们党真正执政为民的信心和决心。

贫穷往往是引发社会矛盾、社会冲突、社会动荡的深刻根源。在人类历史上，富足总是伴随稳定，贫穷必然导致动乱。所以能否摆脱贫困，是关系到整个国家稳定和社会和谐的全局性问题。一方面，当前许多引发社会矛盾和冲突的群体性事件，如就业、收入分配、教育、医疗、生态、社会保障等问题的出现，主要是由于发展不足所引起的，加快发展，消除贫穷，是保证人民安居乐业、社会和谐稳定的基础。另一方面，由于贫困地区主要集中在西部民族地区，民族问题、宗教问题、边疆安全问题往往交织在一起，形成错综复杂的治理难题，也为国外敌对势力的干涉渗透提供了诱因和条件。所以，改革开放以来，我们党始终抓住发展这个主题不动摇、不懈怠，深入实施西部大开发战略，加快西部民族地区的发展，尽快消除贫困，这对于维护民族团结、维护国家统一、维护主权和领土完整、实现国家的长治久安意义重大。“十三五”规划纲要提出要把革命老区、民族地区、边疆地区、集中连片贫困地区作为脱贫攻坚重点，持续加大对集中连片特殊困难地区的扶贫投入力度，增强造血能力，实现贫困地区农民人均可支配收入增长幅度高于全国平均水平，基本公共服务主要领域指标接近全国平均水平。“十三五”时期，扶贫开发工作不仅要在改善贫困人口生产生活条件上着力，更要注重提升教育、医疗、文化等方面的公共服务水平，使其跟上全面小康的步伐。只有让全体人民安居乐业，社会才能和谐稳定，国家才能长治久安。

（二）打赢脱贫攻坚战是社会主义本质的应有之义

习近平总书记指出：贫穷不是社会主义。如果贫困地区长期贫困，面貌长期得不到改变，群众生活水平长期得不到明显提高，那就没有体现我国社会主义制度的优越性，那也不是社会主义。因此，扶贫开发要始终以消除贫困为首要任务，以改善民生为基本目的，以实现共同富裕为根本方向，让困难群众过上有尊严的幸福生活，从内心感受到温暖，从而充分体现我国社会主义制度的优越性。

消除贫困、改善民生，逐步实现共同富裕，是社会主义的本质要求。改革开放30多年，我们取得了巨大的成就，但是，如果还有大量的贫困人口存在，脱贫问题没有解决，就很难说是实现了共同富裕。贫困往往是导致很多社会矛盾和问题产生的根源，当贫困还大面积地存在时，没有人能置身事外。因此，习近平总书记指出：解决农村的扶贫现状绝不能让一个少数民族、一个地区掉队，要让 13 亿中国人民共享全面小康的成果。扶贫开发要始终以消除贫困为首要任务，以改善民生为基本目的，以实现共同富裕为根本方向，让困难群众过上有尊严的幸福生活，从内心感受到温暖，从而充分体现我国社会主义制度的优越性。让全体人民共享改革发展的成果，是我们党治国理政的基本理念。

习近平总书记指出：中国梦归根到底是人民的梦，必须紧紧依靠人民来实现，必须不断为人民造福。目前我国人民生活水平、居民收入水平、社会保障水平持续提高，但仍存在收入差距较大、社会矛盾增多、部分群众生活比较困难等问题，因此必须坚持发展为了人民、发展依靠人民、发展成果由人民共享，必须维护社会的公平正义。坚决打赢脱贫攻坚战就是不断增进全体人民的福祉，就是真正落实共同富裕的理念。

（三）打赢脱贫攻坚战是全面建成小康社会的基本标志

到2020年全面建成小康社会，是我们党确定的“两个百年”奋斗目标的第一个百年奋斗目标，是党向人民、向历史作出的庄重承诺。届时，如果现有的农村贫困人口生活水平没有明显提高，贫困地区面貌没有显著改观，那么，我们所建成的小康社会是不全面的，是打了折扣的，也是无法得到人民群众和国际社会认可的。

如果实现国内生产总值和城乡居民人均收入比2010年翻一番，按照世界银行现行标准，人均国民生产总值将达到1.2万美元左右，接近高收入国家水平，基本跨越“中等收入陷阱”。跨越“中等收入陷阱”是就经济总量而言的，但全面建成小康社会新的目标要求是全面的，是要惠及十几亿人口、收入差距缩小、人民生活水平和质量普遍提高的，是要城乡区域协调发展、生态文明建设、社会公平正义等取得显著进步的。与这些目标要求比，目前一些方面还存在着差距。其中最突出的是现有农村贫困人口脱贫和解决区域性整体贫困问题。

全面建成小康社会这一目标能否最终实现，关键是要解决农村人口的贫困问题。全面小康，是惠及全体人民的小康，是不能有人掉队的小康。如期完成脱贫攻坚任务，是全面建成小康社会的刚性目标、底线目标。只有打赢脱贫攻坚战，才能凸显全面小康社会成色，让人民群众满意、国际社会认可。我们务必把思想统一到党中央、国务院的决策部署上来，加快补齐全面建成小康社会中的这块突出短板，决不能落下一个贫困地区、让一个贫困群众掉队。

（四）深入开展脱贫攻坚是新时代中国特色社会主义基本方略的重要内容

党的十九大报告明确指出：中国特色社会主义进入新时

代，我国社会主要矛盾已经转化为人民日益增长的美好生活需要和不平衡不充分的发展之间的矛盾。我国稳定解决了十几亿人的温饱问题，总体上实现小康，不久将全面建成小康社会，人民美好生活需要日益广泛，不仅对物质文化生活提出了更高要求，而且在民主、法治、公平、正义、安全、环境等方面的要求日益增长。同时，我国社会生产力水平总体上显著提高，社会生产能力在很多方面进入世界前列，更加突出的问题是发展不平衡不充分，这已经成为满足人民日益增长的美好生活需要的主要制约因素。

必须认识到，我国社会主要矛盾的变化是关系全局的历史性变化，对党和国家工作提出了许多新要求。我们要在继续推动发展的基础上，着力解决好发展不平衡不充分的问题，大力提升发展质量和效益，更好满足人民在经济、政治、文化、社会、生态等方面日益增长的需要，更好推动人的全面发展、社会的全面进步。

党的十九大报告提出了新时代发展中国特色社会主义的十四项基本方略，“坚持在发展中保障和改善民生”是其中重要内容之一。报告指出：增进民生福祉是发展的根本目的。必须多谋民生之利、多解民生之忧，在发展中补齐民生短板、促进社会公平正义，在幼有所育、学有所教、劳有所得、病有所医、老有所养、住有所居、弱有所扶上不断取得新进展，深入开展脱贫攻坚，保证全体人民在共建共享发展中有更多获得感，不断促进人的全面发展、全体人民共同富裕。建设平安中国，加强和创新社会治理，维护社会和谐稳定，确保国家长治久安、人民安居乐业。

中国特色社会主义进入新时代，我国经济已由高速增长阶段转向高质量发展阶段，正处在转变发展方式、优化经济结构、转换增长动力的攻关期，建设现代化经济体系是跨越关口的迫切要求和我国发展的战略目标。在此关键发展时期，必须拓展发展空间，培育新的发展动能。

贫困地区幅员辽阔，仅14个集中连片特困地区占国土面积就达40%左右。从消费方面看，这些地区人口消费水平低，通过增加他们的收入，可以扩大有效消费需求，为产业结构调整升级赢得时间。从投资方面看，加强贫困地区基础设施和公共服务，既能新增有效投资需求，也有助于消化过剩产能，而且不会带来重复建设。不少贫困地区拥有独特的自然条件，山清水秀、环境优美，土壤没有污染，如果将这些优势转换为多样化产品，激活潜在投资，并且形成一股新的消费力量，既有利于经济健康平稳发展，又增进了全体人民的福祉。促进贫困地区加快发展，就可以形成新的经济增长极，为我国经济赢得更大的空间和回旋余地。

第三章

牢牢抓住精准扶贫的关键环节

长期以来，我国扶贫工作中一直存在贫困人口底数识别不准、具体情况不明、责任落实不到位、扶贫合力未形成、资金投入不足、贫困群体主观能动性不高和分类指导亟待加强等问题。“谁是真正的贫困户”“贫困原因是什么”“怎么针对性帮扶”“帮扶效果怎么样”“脱贫之后如何退出”等一系列问题制约着扶贫开发工作的深入开展，使得一些真正的贫困人口没有得到帮扶。主要原因在于扶贫对象的精准性、因贫施策的科学性不够。而精准扶贫，正是扶贫工作科学性的体现。

扶贫开发贵在精准，重在精准，制胜之道也在于精准。精准扶贫的要义，就是“对症下药，药到病除”。习近平总书记提出：我们注重抓六个精准，即扶持对象精准、项目安排精准、资金使用精准、措施到户精准、因村派人精准、脱贫成效精准，确保各项政策好处落到扶贫对象身上。

一、明确精准扶贫的目标

按照《中国农村扶贫开发纲要（2011—2020年）》提出的总体目标，到2020年，稳定实现扶贫对象不愁吃、不愁穿，保障其义务教育、基本医疗和住房。贫困地区农民人均纯收入增长幅度高于全国平均水平，基本公共服务主要领域指标接近全国平均水平，扭转发展差距扩大趋势。

在“十三五”期间实现以上目标并不容易。习近平总书记指出：当前脱贫攻坚既面临一些多年未解决的深层次矛盾和问题，也面临不少新情况和新挑战。脱贫攻坚已经到了啃“硬骨头”、攻坚拔寨的冲刺阶段，所面对的都是贫中之贫、困中之困，采用常规思路和办法、按部就班推进难以完成任务，必须以更大的决心、更明确的思路、更精准的举措、超常规的力度，众志成城实现脱贫攻坚目标。

新时期脱贫攻坚的目标，就是到2020年实现“两个确保”：确保农村贫困人口实现脱贫，确保贫困县全部脱贫摘帽。习近平要求：全党同志务必把思想和行动统一到党中央决策部署上来、统一到实现“两个确保”的目标上来，决不能落下一个贫困地区、一个贫困群众。

精准扶贫是我国在总结中国特色社会主义扶贫工作经验基础上，脱贫攻坚决胜“十三五”的一项重大举措。在具体工作中，突出“六个重点”，即扶持对象精准、项目安排精准、资金使用精准、措施到户精准、因村派人精准、脱贫成效精准。习近平强调“这是贯彻实事求是思想路线的必然要求”。目的重在解决“扶持谁”“谁来扶”“怎么扶”“如何退”四个方面的问题。

二、识别精准扶贫的对象

精准扶贫、精准脱贫，关键在准，重在实效。准确识别贫困人口，搞清贫困程度，找准致贫原因，是精准扶贫的第一步。在此基础上准确掌握贫困人口规模、分布情况、居住条件、就业渠道、收入来源等，方可精准施策、精准管理。

精确识别是精准扶贫的重要前提，被称为精准扶贫的“第一战役”。扶贫工作要到村到户，首先要了解哪一村贫，哪一户穷，摸清底数、建档立卡。建档立卡，要充分发扬基层民主，发动群众参与。开展到村到户的贫困状况调查和建档立卡工作，可以通过群众评议、入户调查、公示公告、抽查检验、信息录入等举措，透明公开，把识别权交给基层群众，让群众按他们自己的“标准”识别谁是穷人，以保证贫困户认定的透明公开、相对公平。做到民主评议和集中决策相结合，公开、公平、公正合理确定扶贫对象，确保真正的扶贫对象进入帮扶范围。在找准贫困对象的基础上，还要进一步找准致贫原因。从全国层面看，致贫原因主要包括：因基础设施落后致贫、因生存环境制约和自然灾害致贫、因上学致贫、因地方病和突发重病致贫、孤寡老人或因残疾失去劳动能力致贫等。

对贫困对象和致贫原因的精准识别，有利于提高扶贫工作的针对性和有效性。根据贫困户的不同情况，坚持分类施策，因人因地施策，因贫困原因施策，因贫困类型施策。

三、明确精准扶贫的主体

推进脱贫攻坚，要更好地发挥政府的作用，关键是责任落实到人。从中央到地方，各级党政领导要将脱贫攻坚的责任落到实处。加快形成中央统筹、省（自治区、直辖市）负总责、市（地）县抓落实的扶贫开发工作机制，做到分工明确、责任清晰、任务到人、考核到位，既各司其职、各尽其责，又协调运转、协同发力。同时，要最广泛地动员社会力量投入扶贫济困工作。在2015减贫与发展高层论坛上，习近平总书记指出：我们坚持动员全社会参与，发挥中国制度优势，构建了政府、社会、市场协同推进的大扶贫格局，形成了跨地区、跨部门、跨单位、全社会共同参与的多元主体的社会扶贫体系。

众人拾柴火焰高。目前，专项扶贫、行业扶贫、社会扶贫等多方力量互为支撑，拓展着全新的扶贫格局。从各方“单打独斗”到整合资源“握拳出击”，这也是精准扶贫思维的重要体现。按照精准扶贫的思路，动员我国民营企业、社会组织和公民个人广泛参与到扶贫的行列中来，开创多维联动的社会扶贫新格局。

四、找准精准扶贫的路径

要精准帮扶，确保扶贫措施落实到户。针对扶贫对象的贫困情况和致贫原因，制订具体帮扶方案，分类确定帮扶措施，确保帮扶措施和效果落实到户、到人。要从国家扶贫政策和村情、户情出发，帮助贫困户理清发展思路，制定符合发展实际的扶贫规划，明确工作重点和具体措施，并落实严格的责任制，做到不脱贫、不脱钩。

要按照贫困地区和贫困人口的具体情况，实施“五个一批”工程。即通过发展生产和解决就业脱贫一批，通过易地搬迁和妥善安置脱贫一批，通过生态保护和生态补偿脱贫一批，通过发展教育和智力扶贫脱贫一批，通过社会保障和社会救助兜底一批。各地要因地制宜，探索多渠道、多元化的精准扶贫、精准脱贫新路径。

农村贫困人口如期脱贫，离不开农业的稳定发展和农民收入的持续增长。农业生产稳定发展、劳动生产率稳步提升、农民增收渠道不断拓宽，农业人口转移力度加大，农民的经营性收入、工资性收入和财产性收入日益提高，是推进扶贫开发从“输血”到“造血”，实现精准脱贫的根基。

五、如期实现整体脱贫

精准扶贫，目的在于精准脱贫。脱贫之后如何退出，是当前社会各界关注的问题之一，也是扶贫攻坚的重要方面。

对贫困县而言，一要设定与全面建成小康社会进程相协同的时间表，早建机制、早作规划，实现有序退出；二是在政策上为其留出一定的缓冲期，进一步培育和巩固自我发展的能力；三是实行严格评估，按照标准验收，明确摘帽标准和程序，增强脱贫工作绩效的可信度。

对贫困户而言，要实行逐户销号，脱贫到人。要对建档立卡的贫困户实行动态管理，脱贫了就销号，返贫户重新建档，做到有进有出、客观真实、群众认可。同样，对已经脱贫销号的家庭，也要追踪观察一段时间，政策上有一定缓冲，做到不稳定脱贫就不彻底脱钩。

此外，习近平总书记强调，要高度重视革命老区脱贫攻坚工作。我们要永远珍惜和铭记老区和老区人民为中国革命作出的巨大牺牲和贡献。目前一些老区存在发展滞后、基础设施落后、人民生活水平不高、农村贫困人口比重较大等突出问题，各级党委和政府要增强使命感和责任感，把老区发展和老区人民生活改善时刻放在心上、抓在手上，加快老区脱贫致富步伐。

第四章

妥善处理精准扶贫中的十大关系

扶贫工作不仅涉及多级政府和多个相关部门，同时由于贫困群体规模较大，扶贫工作还面临推进难度大等现实挑战。为了更好地认识和推进扶贫工作，有必要对扶贫脱贫工作的本质、意义、对象、难点与思路加以认真分析和研究，从全局性、时间维度和空间维度、目标体系、工作要求、扶贫主体与客体、扶贫方式、扶贫资源等方面把握和处理好精准扶贫工作中的各种关系。

一、扶贫工作与全局工作的关系

扶贫工作不仅是帮助中国当前的4000余万贫困居民脱离贫困的重大战略举措，同时也是中国实现全面建成小康的重要前提，也是社会主义共同富裕的本质要求。

一方面，全面建成小康社会是我们党确定的“两个百年”奋斗目标的第一个百年奋斗目标，是党向人民、向历史作出的庄重承诺。届时如果实现国内生产总值和城乡居民人均收入比2010年翻一番，人均国内生产总值将达到1.2万美元左右，那么按照世界银行现行标准就基本跨越“中等收入陷阱”。跨越“中等收入陷阱”是就国内生产总值而言的，但全面建成小康社会新的目标要求是全面的，是要惠及十几亿人口、收入差距缩小、人民生活水平和质量普遍提高的，是要城乡区域协调发展、生态文明建设、社会公平正义等取得显著进步的。实现现有农村贫困人口脱贫是决定全面建成小康社会这一目标能否最终实现的关键因素。因此，可以认为如期完成脱贫任务是全面建成小康社会的刚性目标、底线目标、前提目标，只有打赢脱贫攻坚战，才能凸显全面小康社会成色，让人民群众满意、国际社会认可。

另一方面，扶贫工作也是社会主义共同富裕属性的体现。改革开放30多年来，虽然中国经济建设取得巨大成就，经济规模已经稳居世界第二位，但是当前存在的4000余万贫困人口仍然表明过去中国发展所取得的成就是不均衡的，仍然存在部分居民没有享受到过去发展所带来的福利，这不符合社会主义共同富裕的本质要求，也无法体现社会主义制度的优越性。习近平总书记指出：解决农村的扶贫现状绝不能让一个少数民族、一个地区掉队，要让 13 亿中国人民共享全面小康的成果。因此，坚决打赢脱贫攻坚战就是不断增进全体人民的福祉，就是真正落实共同富裕的理念，也就能真正体现社会主义制度的优越性。

二、扶贫工作的空间关系

翻开中国贫困地图，当前全国4000余万贫困人口主要集中在14个连片特殊困难地区、592个国家扶贫开发工作重点县、12.8万个贫困村，这些地区几乎都位于中西部地区，贫困人口超过500万的省份如贵州、云南、河南、广西、湖南、四川等，也无一例外属于中西部地区。这种贫困人口分布情况与当前中国区域经济发展格局也是相吻合的，因此扶贫工作的推进思路也要考虑协调空间关系在扶贫工作中的作用。

一方面，可以充分利用当前中国东部地区发展水平较高以及产业转移趋势强烈这一特征，通过东部先发区域带动中西部后发区域来帮助欠发达地区发展，使这些贫困人口和贫困地区尽快脱贫。我国经济发展与资源分布极不均衡，东南沿海地区在经济实力和技术力量方面占绝对优势，西部欠发达地区则在自然资源方面占优势，在发展模式和侧重点上各具特色。东西部之间的扶贫协作，可使东部的资金、技术、人才、信息、管理知识和经验等要素与西部极其丰富的土地、矿产等自然资源、原材料、廉价劳动力以及市场等相结合，提高整个生产要素的总产出，取得较高的经济效益，从而解决西部地区的贫困问题。这既有利于西部地区的脱贫致富，也有利于东部地区的进一步发展。实际上，当前中国已经开始实施东西部地区对口支援以及协作发展战略，未来应该将扶贫工作的要求尽可能多地体现在这种协作过程中。

另一方面，也可以在欠发达区域内部的贫困地区与非贫困地区实施异地搬迁来推进扶贫工作。这是因为并不是所有中西部区域都是贫困区域。总体上看，绝大部分中西部区域发展水平要高于当前贫困标准，只要控制贫困居民的搬迁规模，很多地区仍然具备帮助部分迁入居民脱贫的能力。因此可以鼓励当地政府积极引导、出台政策、创造条件，在大区域内部实施小空间范围的异地搬迁实现脱贫，这样既降低了原地扶贫的难度，也避免贫困居民由于长距离的背井离乡而带来复杂的社会问题。

三、扶贫工作的时间关系

2020年实现全部贫困人口脱贫是党中央明确提出的脱贫时间节点，也是党中央对数千万贫困群众、对全体13亿国民的庄严承诺。任务完成时间期限的明确界定也使得整个脱贫工作具备了极为显著的时间属性，随着时间的流逝，扶贫工作将会受到越来越多的关注和越来越大的压力，在余下不多的时间里如何完成4000余万人的脱贫工作需要充分把握如下三对时间关系。

首先要处理好起点与终点的关系。2020年是脱贫工作的截止日期，能否如期完成脱贫工作不仅事关数千万贫困居民的切身利益，同时也关乎党和政府的公信力。因此必须高度重视这一时间终点并以此为纲制定出周密而科学的脱贫攻坚工作计划，各级政府都需要牢牢树立任务和责任意识，为按期完成脱贫计划贡献力量。

其次要处理好今天与明天的关系。扶贫工作不是由单个的割裂项目和程序组成的工作，而是由许许多多相互联系、互为前提的事情组成，比如贫困信息的准确获得是扶贫资金高效分配的前提，政策的系统支持是扶贫方式顺利开展的前提。因此整个扶贫工作必须重视相关工作的连贯性、整体性和系统性，将脱贫目标分解成多个次级计划并重视各项次级计划的按质按期完成。

最后要处理好现在与未来的关系。2020年完成脱贫攻坚计划是当前必须完成的目标，然而在采取各种方式完成当前脱贫任务的过程中必须兼顾长远发展，比如生态环境要保护，不能因为脱贫攻坚而在生态环境良好的地区搞大开发，又比如对贫困家庭子女的教育问题要重视，不能因为急需提高贫困家庭的收入而忽视未成年人的教育问题。总之，脱贫攻坚的目标要完成，而且是在满足可持续发展的前提下完成。

四、扶贫目标之间的关系

实事求是地说，20多年来，中国的扶贫工作取得了巨大的成就，数以千万的农村贫困人口迈进了富裕的大道，这一成绩是谁也抹杀不了的。但是，由于对扶贫的目的认识不清或认识不足，致使扶贫工作事与愿违，甚至出现越扶越贫和竞相追逐贫困者称号的现象①。这些现象出现的根本原因在于没有正确认识和处理好扶贫工作本质目标与中间目标之间的关系。

---

① 诸如此类报道数不胜数，此举一例。“让习近平愤怒的贫困县是哪个？”http：//news.sina.com.cn/c/zg/2015-08-28/doc-ifxhkpcu4818349.shtml

扶贫工作的本质目标在于脱贫，应该说其工作对象的界定范围十分清晰，其工作要求也十分清晰，就是通过财政补贴、转移支付、政策优惠、产业帮扶、金融优惠等多种手段来提高贫困居民收入以及贫困地区发展水平。但是，在实际过程中很多贫困地区以及贫困居民完全背离了脱贫这一终极目标，反而将注意力全集中于其他中间目标上，比如贫困居民为了能够通过贫困户认定从而获取贫困补助而向村委干部行贿，贫困地区为了能够获得或者继续保留贫困县称号从而能够继续享受国家给予的各种优惠政策待遇而动用各种关系向上级部门进行公关，一旦被继续认定为贫困户或者贫困地区，这些地区的扶贫工作就告一段落，坐享这一时期的国家补贴并等待下一轮竞争。这种扭曲现象产生的根源在于混淆了扶贫工作的本质目标和中间目标，甚至将扶贫的手段作为扶贫的目标，这极大地损害了扶贫工作的效果，在某种程度上对真正贫困的居民和地区产生不公平。未来的扶贫工作不仅要明确扶贫的目标是脱贫而且只是脱贫，同时还必须在扶贫工作中构建一套严格的审查和监督体系，对那些扶贫动机扭曲与异化、浪费扶贫政策与资源、本身毫无脱贫努力和行动的贫困户与地区予以约束和惩罚措施，最大程度保证扶贫资源的有效利用和脱贫目标的最终实现。

五、扶贫要求之间的关系

2015年《中共中央国务院关于打赢脱贫攻坚战的决定》已经明确提出要在2020年前让7000多万农村贫困人口摆脱贫

困，至少每年减贫1000万人以上才能实现整体脱贫目标。扶贫工作的速度要求直接带来了成本压力，在如此短的时间里使规模如此之大的贫困群体脱贫，需要投入大量的人力、物力和财力，同时还必须保证脱贫工作的质量，避免贫困群体出现反复贫困的现象。因此，处理好扶贫工作时间节点、成本压力与质量要求之间的关系是决定扶贫工作能否成功的关键。

实际上，处理好扶贫工作的速度、质量与成本间的关键在于保障精准扶贫思路的实施质量。首先，精准扶贫能够最大程度地控制扶贫成本。一方面，中央政府针对扶贫目标与计划已经制定了加大资源保障计划，成本的部分提高是可以预料的；另一方面，精准扶贫能够通过准确甄别贫困户、提高扶贫资金利用效率、合理利用不同级别工作人员来降低或者控制成本。因此精准扶贫思路能够最大程度地满足成本限制要求。其次，精准扶贫会大大地提高扶贫工作的效果和效率，这是因为精准扶贫能够准确地甄别贫困群体和选择合适的扶贫政策并具有稳定的资金来源，这是传统扶贫方式所缺乏的，同时精准扶贫由于政策思路清晰透明，在情况相似区域间具有较高的可模仿性，从而能够较大提高扶贫工作的效率，满足扶贫工作的速度要求。因此坚持精准扶贫思路是处理好三者关系的关键，也是保证扶贫工作如期按质按量完成的前提条件。

六、扶贫主体之间的关系

央地关系是国家治理和公共政策领域的永恒话题，也是会影响任何全国性政策的关键因素，尤其是在中国这样一个央地关系复杂的国家内。扶贫工作同样会面临央地关系的影响，与其他政策相比，扶贫工作的复杂之处在于扶贫工作不仅需要中央政府和省市县等地方政府参与，同时还需要村委等基层干部参与，具体情况更为复杂。如何保障中央与地方政府思路一致、目标一致、行动一致，如何保障基层领导不偏不倚、全心全意做好精准扶贫工作，如何保障最后的扶贫效果，都是值得深入思考的。

按照公共政策的基本流程可以将扶贫工作中的中央政府、地方政府和基层村委分别视为政策的决策层、政策的协调层以及政策的执行层。为了保证扶贫工作的效率和效果，决策层应该做到制定合理的目标和总体规划并给予协调层和执行层稳定的政策和资源支撑，但是必须强调决策层不能为协调层和执行层制定过多微观限制指标，而是应该充分给予协调层和执行层更多的自主权，决策层最重要的工作是保证事前目标的合理、事中资源的供应以及事后效果的监督即可。而对于处于协调层的地方政府而言，首先需要充分认识扶贫工作的重要性，不打折扣地完成扶贫工作的各项要求；其次需要引领并支持基层组织开展扶贫工作；最后应该充当决策层和执行层的反馈节点角色，充分把基层扶贫遇到的新问题、新情况、新经验、新教训总结上报给决策层。对于执行层而言，应该充分坚持实事求是与开拓创新，立足于地区发展实际，在决策层和协调层的大力支持下创造可行的扶贫模式。因此，总体上看，中央、地方以及基层在扶贫工作中各有分工，应该尽可能地在扶贫过程中淡化三者之间的行政力量约束，将三者视为一种扶贫共生组织，充分发挥三级组织的合力，实现扶贫工作效率的最大化。

七、扶贫客体之间的关系

按照贫困线划定标准，中国扶贫工作的客体对象是年收入在2300元（2010年不变价）贫困标准线以下的居民群体[①]。但是在实际扶贫工作中扶贫对象的内涵则更为宽泛，扶贫工作需要着重注意如下几种扶贫对象关系。

首先，扶贫工作需要注意贫困居民与非贫困居民的关系。某种程度上，扶贫标准的界定具有较强主观性，在同一个基层组织里经常会出现一户人家仅仅因为收入比另外一户高几百元就被认定为不属于贫困户导致无法享受扶贫政策待遇的情况，这种情况不仅导致非贫困户与基层组织的矛盾，甚至还会带来严重的社会问题。因此，处理好一个基层组织内非贫困户与贫困户的关系不能单单依据一个数字标准，应该尽可能多地以整个基层组织作为扶贫对象进行整体脱贫。

其次，扶贫工作需要注意扶贫对象与扶贫对象子女的关系。对于成年且健康的贫困居民，对其扶贫思路比较明确，

---

① 我国在2008年前有两个扶贫标准，第一个是1986年制定的206元的绝对贫困标准，该标准以每人每日2100大卡热量的最低营养需求为基准，再根据最低收入人群的消费结构来进行测定。后来此标准随物价调整，到2007年时为785元。第二个是2000年制定的865元的低收入标准，到2007年年底，调整为1067元。2008年，绝对贫困标准和低收入标准合一，统一使用1067元作为扶贫标准。此后，随着消费价格指数等相关因素的变化，2009年和2010年标准进一步上调至1196元和1274元。2011年全国中央扶贫开发工作会议提出2300元的标准。

要不就是使其就业，要不就是使其创业。但是对于这些贫困居民的子女而言，这些思路则不合适，应着重约束这些贫困居民子女接受尽可能多的教育并提高自身能力。避免未来出现贫困的代际传递现象是整个扶贫工作的重点。

最后，扶贫工作需要注意当前贫困者与新增贫困者的关系。扶贫工作的对象是当前的贫困者，但是必须注意市场经济下永远会源源不断地产生新的贫困者，尤其是随着中国经济进入到新常态、进入到L型经济发展阶段，失业、破产、就业难将会产生新的贫困阶层，这就要求当前的扶贫工作具备一定的前瞻性、动态性、系统性，将当前的贫困人口与未来新增贫困人口统筹考虑，并针对未来可能出现的贫困人口的特征制定出有效的对策。

八、扶贫方式之间的关系

根据现有文件，当前扶贫的方式有5种：发展生产脱贫一批、易地扶贫搬迁脱贫一批、生态补偿脱贫一批、发展教育脱贫一批、社会保障兜底一批。在扶贫工作中要充分认识到这5种扶贫方式的不同意义。

首先，社会保障这种方式是同其他四种方式截然不同的，这是因为社会保障针对的是丧失了劳动力的群体，更多的是一种社会救济，由于对象清晰，它实施起来的难度较低。因此对于2000余万丧失劳动能力的群体而言，通过精准救济保障其生活是5种方式中见效最快、也是应该大力支持的一种方式。其次，扶贫的本质是采取各种措施将贫困居民纳入当前市场要素交换体系中，充分利用贫困居民所拥有的资源禀赋来提高收入。从这个角度看，生产脱贫是最为关键的一环，只有将贫困居民成功嵌入当前的市场经济体系，脱贫成效才能稳固。同时由于异地搬迁和生态补偿几乎是一次性工程，两种方式想要发挥作用仍然需要生产脱贫这种方式作为支撑。最后，教育脱贫这种方式更多地着眼长期作用，短期之内是无法发挥作用的。一方面，从接受教育到贡献产出至少需要15年左右的时间，即使是技术教育，1—2年的时间和市场容量的可接受度也是必须考虑的，实际上短期的技术培训所获得的技能在市场上的竞争力极低，很容易重新陷入贫困。另一方面，当前高等教育质量需要进一步提高，数百万大学生毕业工资可能只够自己勉强生存，无力帮助家庭脱贫。

因此，除了社会保障方式外，生产脱贫方式应该成为当前中国脱贫的主要方式，而长期来看，应该坚持通过实施有质量的教育脱贫政策来实现全体居民脱贫目标。

九、扶贫资源之间的关系

在扶贫工作中，由于贫苦地区和贫困人口所处的弱势境地，各种资源必不可少。可以将扶贫资源分为外部资源与自身资源两种，而外部资源又可以分为政府资源和市场资源两种，因此扶贫资源间的关系包括外部资源与自身资源、政府资源与市场资源两种关系。

首先，外部资源与自身资源的关系实际上也是“输血”

与“造血”的关系。传统扶贫模式强调对扶贫地区和贫困居民进行“大水漫灌”式扶贫，短时间内给予这些地区和居民大量的资源，但是这种依赖于外部资源的“输血”式扶贫已经被实践证明使用效率和效益无法得到保障。要保障扶贫工作的效果还是必须得依靠贫困地区和贫困人口自身的禀赋，充分开发思路，积极利用贫困地区拥有的生态、交通、资源、劳动力等各种优势，在外部资源的引导下形成具有内生稳定性的扶贫模式，从而保证扶贫效果。

其次，脱贫攻坚是全社会的共同义务，要强化政府责任，引领市场、社会协同发力，鼓励先富帮后富，构建专项扶贫、行业扶贫、社会扶贫互为补充的大扶贫格局。一方面，解决贫困问题是党和政府义不容辞的责任。从组织领导和推动实施，到政策支持和财力投入，各级政府是扶贫脱贫工作的主导者和责任人。另一方面，扶贫工作也要充分发挥市场机制的作用，充分调动全社会力量加入到脱贫攻坚战之中。坚持“政府引导、多元主体、群众参与、精准扶贫”的原则，鼓励支持民营企业、社会组织、个人参与扶贫开发，实现社会帮扶资源和精准扶贫有效对接。比如，整治荒山、兴修水利等项目，就可以通过“政府搭台，企业唱戏”，吸引社会资金介入。关键是让企业在其中有利可图，农民最终受益。再如，现在企业履行社会责任的意识越来越强，社会上出现了许多扶贫帮困的基金，有的做得相当不错。关键是政府要在制度安排上做好工作，比如在税收、监管等方面要给企业和其他社会组织创造良好的条件，营造全社会共同参与扶贫事业的大环境。

十、扶贫内容之间的关系

无论是在传统还是在当前扶贫模式中，相比于物质扶贫，精神扶贫处于一个相对被忽视的地位，精神扶贫的内涵、意义、方式还处于一个探索阶段。正是由于精神扶贫角色的缺失，传统扶贫过程中出现了一些不良现象。如有的贫苦户本来自己可以办的事情却不办，等着政府和社会的救济和赞助；有的缺乏过紧日子的思想，领到扶贫款后不是用来发展生产，而是用于吃喝玩乐。这直接导致一些多年一直被帮扶的贫困户如今仍然是家徒四壁、一贫如洗，甚至被界定为贫苦户和贫困地区已经成为了部分居民和地区的目标。因此未来必须更加重视精神扶贫工作，精神扶贫工作也将会在整个扶贫工作中扮演一个越来越重要的角色，会对整个扶贫工作的效果产生重要的影响。

一方面，物质扶贫是脱贫目标完成的基础。脱贫目标实现的直接体现是人均收入达到一定水平，因此物质扶贫将仍然长期处于整个扶贫工作中的核心地位，需要投入大量的财力、物力、人力予以保障。另一方面，也必须高度重视精神扶贫的重要性。然而由于农村地区人员分散，提供文化等精神扶贫工具的成本过高以及基层工作人员不重视也不擅长进行精神扶贫工作，从而导致贫困居民和贫困地区的各种社会生活问题凸显，最终影响了扶贫效果。基于这种情况，未来应该双管齐下，全面推动物质扶贫和精神扶贫，必须强调的是精神扶贫不可能一蹴而就，要根据实施的不同阶段，采取不同的措施，对沉积的问题要能对症下药，对新问题要有新办法，引导社会风气始终健康向上。要协调配合，在物质扶贫中积极进行精神扶贫，也要在精神扶贫中做好物质扶贫，相辅相成，两手抓两手硬，才能谈精准扶贫目标的实现，也才能在2020年全面建成小康社会。

第五章

高度重视精准扶贫的倾向性问题

党的十九大报告在回顾了5年来的成就后指出：我们的工作还存在许多不足。精准扶贫领域也不能排除在外，腐败问题、数字虚构问题等时有发生。而精准扶贫的倾向性问题，作为一种普遍存在的社会现象，为打赢脱贫攻坚战设置了重重障碍，成为新时代扶贫开发工作亟须解决的关键问题。

一、精准扶贫中的形式化、表面化和套路化倾向

当前精准扶贫过程开始出现形式化、表面化和套路化倾向。形式化指的是政府过于注重制定各种脱贫攻坚计划与战略、过于注重各种政策文件的出台、过于注重营造扶贫工作气氛而忽视实际存在的问题。如，对精准扶贫结对帮扶而言，其初衷是好的，的确起到了引领社会关怀贫困群体的效果，但由于公务人员忙于本职工作，时间精力有限，加之专

业性不强，公务人员对贫困人口的帮扶形式比较单一，只能解决贫困群众的一时之困，不能从根本上解决他们的贫困问题，从而流于形式，扶贫工作收效甚微。

表面化指的是扶贫工作浮在表面，没有深入了解贫困地区的资源禀赋以及贫困居民的真实利益诉求。部分驻村扶贫干部多数时间住在镇上而非村里，对村情缺乏了解，不能精准把握农户需求；部分扶贫工作队的工作难以落到实处，对贫困户难以做到精准识别；受农村地域文化等诸多因素的影响，贫困户认定过程中“唯票选人”问题突出。总之，“认认真真走过场”情况仍然存在。

套路化指的是当前的精准扶贫过程已经固化为“识别贫困户—对贫苦户予以资助—为贫困村争取项目”这一套路，而且由于缺乏对贫困村自身属性的全面研究，贫困村或者贫困县引进项目的重复率和同构度较高，缺乏差异性，也体现不了精准性，离“实事求是，因地制宜，分类指导，精准扶贫”等要求尚有一段距离。

二、区域扶贫的重要性、前提性和条件性被弱化

民族地区、边疆地区、革命老区、连片特困地区贫困程度深、扶贫成本高、脱贫难度大，是脱贫攻坚的短板，也是越来越难啃的“硬骨头”。没有这些地区的小康，就没有全面建成小康社会，就难以实现十九大全面建成小康社会的目标。因此，深入推进扶贫开发，帮助民族地区、边疆地区、革命老区、连片特困地区困难群众早日脱贫致富，实现扶贫

对象“两不愁”和“三保障”具有异常重要的战略意义，是决胜脱贫攻坚和全面建成小康社会的前提和内在条件。然而在精准扶贫导向下，以贫困户为对象的精准“滴灌”地位凸显，区域扶贫出现被弱化的倾向，导致部分区域扶贫效果不佳。如，宁夏西海固地区属于中国14个连片特困区域中的六盘山连片特困地区，由于没有将精准扶贫与区域扶贫相结合，导致最终扶贫的效果大打折扣。

事实上，区域扶贫战略对保障和提高扶贫效率具有无可替代的意义。如建立贫困地区与外部区域的高速铁路联系、完善村与村的交通基础设施、治理整个生态环境、完善基础水利设施等，对扶贫开发具有基础性作用，这些工作的落实，有利于脱贫攻坚目标的实现。以资金使用结构为例，在精准扶贫战略中，每一个贫困村能够获得的资金包括每村200万元的中央专项扶贫资金、每村800万元左右的行业部门扶贫资金、每村25万元左右的社会帮扶资金、每户3万—5万元的信贷资金以及农民自筹资金5部分。这5部分资金的规模已经能够满足当前贫困村精准脱贫的资金需求。精准扶贫目前更多地需要关注整体生产生活环境的改善，而这无疑需要区域扶贫战略发挥更大的作用。因此，两种扶贫战略间的统一规划成为决定精准扶贫效率的关键问题，也是实现脱贫攻坚目标的重要保障。

三、贫困居民、社会力量和基层组织主体作用发挥不充分

贫困居民自身的主动性不足、社会力量的积极性不足、基层组织的自主性不足是精准扶贫工作中贫困居民、社会力量、基层政府三大主体各自遇到的难题。

贫困居民自身的主动性不足，一方面表现在贫困居民参与脱贫攻坚工作热情不高，甚至袖手旁观，“干部拼命干、百姓站着看”现象不在少数；另一方面表现在部分贫困户的“等靠要”思想仍然存在，热衷于直接拿钱式的扶贫而反感需要自己参与和劳动的扶贫方式。

社会力量的积极性不足问题同样明显，一方面，受限于贫困地区自身经济实力，贫困地区有实力的企业数量本来就不多，社会力量的帮扶能力先天性受限；另一方面，在引进外地有规模、有能力、有意愿的大企业时，由于缺乏扶贫资金使用监督的公开渠道以及交通物流设施难以配套、生活居住环境较差、社会公共产品不足等原因，愿意直接参与社会扶贫的企业较少。

基层组织的自主性不足，主要表现在基层政府难以统筹利用扶贫资金。目前，中央政府及相关职能部门对扶贫资金的使用具有严格的规定，扶贫资金都必须在规定的领域使用，“打酱油的钱不能买醋”一定程度上制约了基层政府根据贫困地区、贫困县、贫困乡镇以及贫困村的实际情况制定合理的扶贫资金使用规划。

四、可供比较借鉴的精准扶贫典型案例不够

尚未实现脱贫的地区往往生态环境相对脆弱，资源相对匮乏，产业缺乏优势，内生动力不足，复制成功扶贫模式的条件不足，能人数量不多。

发展生产是精准扶贫、精准脱贫的重要手段之一，但有些贫困地区缺乏资源、资金，没有优势产业和特色产品，导致难以通过发展生产进行脱贫。如，宁夏西海固地区生态环境脆弱，水资源严重缺乏，属于主体功能区中的限制开发区域，大规模工业生产的可能性已经被排除，能够选择的产业种类不多，在如何高效发展农业和服务业上也没形成科学合理的发展思路，导致产业脱贫尚没有显著进展。

由于地域差异，各地资源禀赋不同，生态环境各异，加之人文差异，微观层次的精准扶贫难以有效借鉴不同地区先进的精准扶贫经验。精准扶贫模式的成功复制往往发生在地理自然环境、资源禀赋相似的区域，然而尚未脱贫的地区尚没有权威的、规范的、全面的、实事求是的、情况相似的成功精准扶贫模式可供参考。

贫困地区往往人才较为匮乏，生产能人数量不够。然而，大量案例证明，在脱贫致富过程中，生产能人的重要性远大于几个甚至十几个扶贫项目。如，湖北罗田县锦绣林牧专业合作社理事长、湖北名羊农业科技发展有限公司董事长刘锦秀2003年回家乡创业，2007年在县里成立第一家合作社，2011年成立名羊公司，从3000农户中精准识别406家贫困

户，帮助这些80%没有养过羊、没有养殖经验的贫困户通过养羊脱贫，目前已有375户成功脱贫。再如，葛浩新与其子葛翔组建了4个合作社（植保、农机、水利、种植），跨越14个村承包了13600亩地，聘请了56个队长、260个固定工人，帮助贫困户通过就业脱贫。与东部沿海地区相比，西部贫困地区涌现的生产能人数量太少，导致绝大部分脱贫压力全压在政府身上。

第六章

政策保障　支撑如期实现精准脱贫

实现精准脱贫目标布局除需要大战略的方向指引和财政资金的直接支持外，同时也需要相应的政策支撑。我们认为，与精准脱贫工作直接和间接相关的政策主要包括财税政策、金融政策、产业发展政策、区域合作政策、土地政策、交通政策、教育政策和社会保障政策，这些政策在整个精准脱贫工作中都会产生重要作用，其各自的实施重点与思路也有所不同。

一、财税与金融政策

发展仍然是解决所有问题的关键，精准脱贫也不例外。在这一方面，中央政府仍然需要将国家各项事业的重心放在经济发展上，只有整个国家的经济保持可持续增长，中央政府才具有足够的财力去帮助贫困地区和贫困人口脱贫，这是精准脱贫工作的前提条件，不可偏废。然而，细化到具体的贫困地区，包括财税、投融资、考核指标政策体系等在内的经济发展政策应该在促进贫困地区的经济发展上发挥更多的作用。

（一）税收政策

针对贫困地区制定相应的发展规划，给予一定的政策资源支撑。贫困地区的发展不同于其他地区的发展，其发展过程有自己独特的发展规律，为了保障贫困地区的发展效率和成果，应该针对贫困地区制定相应发展规划帮助其发展。与贫困地区发展规划相配套，应给予贫困地区一定的财政支持政策，如对于贫困地区的企业可以予以一定的税收减免优惠，提高在贫困地区投资的吸引力，让更多的市场力量直接参与扶贫这一过程。

（二）金融政策

精准脱贫工作需要大量的资金，这不仅是因为数量庞大的贫困人口，也因为扶贫工作涉及产业合作、搬迁、交通建设、贷款等多个领域。而这部分资金完全依靠政府财政资金是不现实的，因此政府的融资政策必须有所改变，引入更多的社会资本进入扶贫工作。中国扶贫资金的来源包括三大块，即政府渠道的财政资金、信贷资金以及非政府渠道的社会资金。政府渠道的财政资金来自于中央和地方财政的预算安排。信贷资金主要包括中央贴息扶贫专项贷款（贷款本金属于银行组织的信贷资金，其中中央负责的贴息属于财政资金）、小额扶贫贷款等，还有来自于世界银行等国际金融机构提供的由中央或地方财政提供一定程度担保的软贷款。社会资金则主要来自于在中央扶贫政策安排下，先富裕起来的地区对口贫苦地区的帮扶资金、企业捐赠资金、彩票公益金等。在这三部分资金中，前两种来源的资金规模是有限度的，因此未来随着扶贫攻坚的推进，难度逐渐提高，所需要的资金规模越来越大，这个时候就必须多渠道开发社会资金，比如采取PPP项目、扶贫彩票、公共捐款等方式。

（三）考核体系

要改变对贫困地区的考核标准，虽然中央政府已经在强调对地方政府的考核需要改变传统的考核单一GDP指标的方法，但是在实际过程中，由于缺乏更为精确的考核指标和经济发展的重要性，GDP指标仍然在地方政府考核过程中占据绝对性的地位，而这种考核思路对于贫困地区是不利的，对于脱贫工作也是不利的。这是因为脱贫工作势必会占据贫困地区政府的大量工作精力，如果仍然按照单一GDP指标去考核这些地方政府，就极容易导致贫困地区的政府难以集中精力进行脱贫攻坚。因此，在这些地区应该探索新的政绩考核模式，使得贫困地区政府将大部分精力放在脱贫上。

二、产业与区域政策

依靠产业脱贫是一种治本之道，也是效果最好的一种方式，因此在贫困地区发展产业并将贫困人口纳入产业体系当中是未来贫困地区和贫困人口脱贫的关键。在这一过程中，关键是要结合区位优势，协调区域合作关系，利用好产业发展和区域发展政策。

（一）产业发展政策

产业发展政策包括产业培育政策和产业承接政策。

产业培育政策指的是贫困地区根据自身资源禀赋和区位条件，培育出具有比较优势的和竞争力的产业。比如很多贫困地区具备很好的旅游资源或者农产品资源，那么这个地区就可以通过发展相应的旅游业或者农业以及农产品加工业实现脱贫；而如果贫困地区的区位优势或者某些工业原材料比较丰富，发展一定程度的工业也是可行的。产业培育政策是一种独立性的政策，需要地方政府具备识别自身区域禀赋、知晓不同产业发展路径和需求以及开拓市场的能力。

产业承接政策指的是贫困地区通过承接其他地区的转移产业来发展自身。在现实世界中，并不是所有的贫困地区都有发展产业的各种优势资源，很多贫困地区可能在发展自身特色产业上极为困难，这个时候就必须依靠产业承接政策。当前我国正处于产业转移的高峰期，大量的东部、中部地区的产业开始往中西部转移，很多西部地区已经通过承接这些产业得到发展。部分贫困地区也可以借此机会承接部分适合自身发展的产业。产业承接政策是一种合作性的政策，需要地方政府具备识别产业发展难易程度和招商引资的能力。

（二）区域合作政策

早在1956年，毛泽东就提出了要注意内陆与沿海地区的关系，此后区域之间的合作一直是中央政府关注的重点。实际上，扶贫工作也与区域合作政策密切相关，因为绝大部分贫困地区都属于欠发达区域，而区域合作往往指的是发达地区与欠发达地区的合作。

1996年10月，中央在《关于尽快解决农村贫困人口温饱问题的决定》中就确定了对口帮扶政策，要求北京、上海、广东和深圳等9个东部沿海省市和4个计划单列市对口帮扶西部的内蒙古、云南、广西和贵州等10个贫困省区，双方应本着“优势互补、互惠互利、长期合作、共同发展”的原则，在扶贫援助、经济技术合作和人才交流等方面展开多层次、全方位的协作。

2010年12月，国务院印发《全国主体功能区规划——构建高效、协调、可持续的国土空间开发格局》。其中明确规定，鼓励探索建立地区间横向援助机制，生态环境受益地区应采取资金补助、定向援助、对口支援等多种形式，对重点生态功能区因加强生态环境保护造成的利益损失进行补偿。而目前我国大多数的生态功能区都不同程度地存在着贫困问题。

2017年3月，国务院印发《东北地区与东部地区部分省市对口合作工作方案》，其中，明确辽宁省与江苏省，吉林省与浙江省，黑龙江省与广东省以及沈阳市与北京市，大连市与上海市，长春市与天津市，哈尔滨市与深圳市“三省四市”的对口合作关系。这种发达地区与欠发达地区的合作对于提高欠发达地区的发展水平具有重要意义，未来可以考虑在精准脱贫工作中设计出新的区域合作模式。比如由于贫困地区往往层次较低，是县或者是乡镇甚至就是一个个的自然村，这个时候可以考虑制定县与县、镇与镇的区域合作，这是因为中国很多县和镇的经济发展实力极强，不仅具备帮助贫困区域的能力，同时由于直接接触基层，这些低级别区域的合作可能会取得更好的效果。

三、土地与交通政策

现阶段我国农民收入主要由四部分构成：农业种养殖经营性收入、土地等财产性收入、打工的工资性收入和政府转移支付收入。如何制定相应政策，稳定增加贫困人口的财产性收入，是当前扶贫开发工作的一个重要突破口。

（一）土地制度改革

当前我国农村土地制度改革主要包括两个部分：一是承包地产权制度改革，包括承包地确权、登记、颁证，进一步明确土地位置、规模和边界；在此基础上实行“三权分置”，即所有权归农村集体组织，承包权归农户，经营权从承包权中分离出来可以流转。二是“三块地”制度改革，包括宅基地管理制度、征地补偿制度和农村集体经营性建设用地制度改革。土地制度改革的核心是保护农民的财产权利，增加农民财产性收入。

这些制度的不断完善，对贫困地区人口尤其重要。比如将贫困人口土地进行流转经营，集中到新型经营主体，如种养殖大户、农业专业合作社、家庭农场、农村龙头企业，用规模经营和集约化经营的利润给贫困人口提供土地增值收入，或者给贫困人口提供就地就业的打工机会增加其工资收入。

另外，城市的土地政策也需要有针对性的变化。当前城市土地与城市房地产政策已经成为一体，房产价格的上涨与土地价格的上涨提高了城市的生活成本，使得贫困人口转移至城市后的生存难度逐渐提高，这也不利于搬迁脱贫的效果。因此，未来必须考虑设计出更符合居民利益的城市土地和房地产政策。

（二）交通政策

"要想富，先修路"。对于大多数贫困地区而言，交通不便是制约他们发展的重要因素。很多贫困地区的农业资源和旅游资源都很丰富，但是受限于交通条件，自身的农产品运不出去，外面的游客也进不来，直接导致发展受阻。尤其是当前已经进入了信息化和电商时代，依靠互联网进行脱贫也是一条比较常见的方法思路。但是互联网经济的关键在于"最后一公里"，这是制约很多贫困地区发展的重要因素。而且即使有些贫困人口搬迁到附近的小县城后，其交通条件也无法满足产业发展的需要。

因此，各级政府应重视这些贫困地区与发达地区的快速连接问题，加大对交通等基础设施建设的投入力度，尽可能地将这部分地区纳入全国交通网络体系。同时，在征地补偿中必须保证农民的利益不受到损害。对于地势特别复杂的贫困区域，在搬迁脱贫过程中就必须注意搬迁的地点应该具备交通便利的特点。

四、教育与社会保障政策

脱贫的本质是让贫困人口具备进入市场进行生产从而获得收入的能力，目前的绝大部分贫困人口是缺乏这种能力的。而提高这种能力只能依靠教育。同时，增加贫困人口的医疗、养老等社会保障财政转移性收入，一方面可以提高总收入，另一方面可以避免因教育和疾病致贫、返贫。

（一）教育政策

针对贫困地区、贫困人口而言，教育扶贫政策主要应侧重两个方面。

一是要高度重视贫困家庭的子女教育问题，避免贫困的代际传播。教育政策应该集中全力保障贫困人口后代的教育，在条件允许的情况下，要保障这部分群体的生活费，避免因为担心生活费而陷入无法集中精力学习，辍学，打工，陷入贫困的僵局。最好是尽可能将这部分学生培养至高等教育阶段，只有给予高等教育才有可能完全改变他们家庭贫困的命运。这就需要教育政策偏向这部分群体，更多的资金、更多的名额、更多的政策需要向这部分群体倾斜。

二是要注重提高贫困人口的技能水平。技能培训直接面向就业市场，通过3个月、半年时间的培训，使得这部分贫困人口掌握一门专业技能从而能保证相对稳定的就业。在这个过程中，必须注意技能的合适性。既要与贫困人口本身的能力相适应，太复杂的技能可能并不合适，又要适应市场对该技能的需求。这就需要相关部门对市场需求有很深入的了解，并能制定出合适的技能教育培训规划。

（二）社会保障政策

社会保障与脱贫攻坚在性质和目标上具有很强的一致性。加强和完善社会保障制度，有利于消除贫困和缩小两极分化，推进精准扶贫，打赢脱贫攻坚战，是我国为实现全面建成小康社会和共同富裕目标而推进的一项重要任务。贫困地区类型不同，这就要在普遍提高公共服务均等化水平的同时，采取有针对性的社会保障和扶贫措施。比如，我国西北地区生态脆弱，一些区域性饮水条件引起的地方病、流行病要纳入医疗保障，同时要进行环境干预，改善水土条件；对异地搬迁移民的则要加大住房等专项保障；对自然灾害频发导致贫困的地区，社会救济需求大，政府救灾能力和社会救助建设要放在社会保障的首位；针对农村社会教育落后导致的贫困，农民社会保障的改善需要加强基础设施、教育卫生建设，社会保障投入要向贫困农村医疗卫生和义务教育倾斜。

第七章

多管齐下　提高精准识别率

习近平总书记指出："扶贫开发推进到今天这样的程度，贵在精准，重在精准，成败之举在于精准。"精准识别贫困人口是精准扶贫工作的第一步。通过科学、有效、实用的程序把贫困人口识别出来，才可能确保扶贫资金、扶贫资源和扶贫力量精准配置到贫困人口，实现精准帮扶、精准管理。根据"县为单位、规模控制、分级负责、精准识别、动态管理"的精准识别总原则，地方政府在扶贫工作开展过程中，因地制宜建立了相应的识别标准、识别方法和识别程序，形成了各具特色的识别模式，从而提高了精准识别率，确保真正的贫困者和贫困家庭得到帮扶，达到"扶真贫"的目的。

一、深入调查现状，核实比对“真贫困”

为做到精准识别贫困人口，全国许多地方采取深入调查、相互比对核实等行之有效的工作程序和方法。

（一）鹤壁鹤山的“一进二看三算四比五议六定”

河南省鹤壁市鹤山区坚持“公开、公正、透明”原则，开发出“一进二看三算四比五议六定”的精准识别方法。

“一进”是指包村干部、村级组织和驻村工作队（第一书记）对全村农户逐家进户调查走访，摸清底数；“二看”是指看房子、家具等基本生活设施状况，拥有家用轿车、大型农机具、高档家电的，不得识别或慎重识别；“三算”是指按照标准逐户测算收入和支出，算出人均纯收入数，算支出大账，找致贫原因，对贫富情况有本明白账；“四比”是指和全村左邻右舍比较生活质量，家庭成员有财政供养人员、有担任村干部的，家庭成员作为法人或股东在工商部门注册有企业的，在城镇拥有门市房、商品房的，不得识别或慎重识别；“五议”是指对照标准，综合考量，逐户评议，拟正式推荐为扶贫对象的，必须获得绝大多数村民认可，必须向村民公示、公告；“六定”是指正式确定为扶贫对象的，由村“两委”推荐确定，乡（镇）党委政府核定。

（二）十堰白桑关的“七进八不进”

湖北省十堰市郧阳区白桑关镇采用“七进八不进”标准

精准识别贫困户。

“七进”，即凡具有下列情况之一的优先作为扶贫对象：一是居住在危房、土房，且为家庭唯一住房，不适合生存的农户；二是因子女上学返贫的农户；三是家庭成员长期患有慢性病、大病而开支较大的，主要劳动力因身体、年龄等原因无法外出务工的农户；四是低保户、五保户和不符合低保、五保条件的鳏寡孤独农户、单亲家庭；五是家庭主要劳动力死亡，只有老人、妇女、未成年人的家庭；六是因灾、因事故及其他原因而条件特别困难的家庭；七是因残致贫的农户。

“八不进”，即凡具有下列情况之一的不得作为扶贫对象：一是有家庭成员（含已分家立户的）在行政事业单位工作属财政供养的农户；二是村干部家庭没经过上级组织认定的；三是拥有楼房，在城镇购买商品房或高标准装修现有住房的农户；四是家庭成员拥有消费性小轿车的农户；五是家庭成员拥有工程机械及大型农机具从事有偿经营服务的农户；六是长期雇用他人从事生产经营的个体经营户，经营公司的农户；七是子女完全具备赡养能力，分户居住且无慢性病、大病的农户；八是举家多年在外打工不归的农户。

若有特殊困难，经群众评议，村委会上报乡镇研究决定，可纳入建档立卡对象。

（三）湖北房县的“八进九不进”

湖北省房县实行定性与定量结合的“八进九不进”贫困

户识别标准。

“八进”，即对符合下列条件之一的贫困家庭户可优先识别确认为扶贫对象：一是家庭主要劳动力死亡，孩子未成年的农户；二是不符合五保条件的鳏寡孤独的农户；三是家庭主要劳动力长期生病，不能从事基本劳动，需大病救助政策扶持的农户；四是家庭人口中有丧失劳动能力的残疾人口；五是住土坯房，不避风雨，需搬迁的农户；六是有产业发展意愿，资金困难，需扶持的农户；七是因自然灾害、突发事件及其他原因返贫的农户；八是有生产发展能力的低保户。

“九不进”，即有下列情形之一的农户不得纳入贫困户识别范畴：一是近3年内建有3层以上楼房或在城镇购买商品房（不含因灾重建、国家基础设施建设拆迁房屋）或高标准装修现有住房的农户；二是村主职干部家庭户；三是有国家公职人员的家庭户；四是家庭拥有或使用机动车辆、船舶、工程机械（残疾人代步车除外）及大型农机具的农户或有高价值收藏、投资有价证券行为的农户；五是非特殊困难群体的个体工商户；六是长期雇用他人从事生产经营活动的农户；七是有劳动能力但不从事生产劳动，好吃懒做导致家庭困难的农户；八是五保户；九是无生产发展能力的低保户。

（四）山西天镇的“八不进，三不入”

山西省天镇县按照“八不进，三不入”标准识别贫困人口，提高贫困人口识别率。

“八不进”，是指有下列情形之一的农户不得纳入贫困户识别范畴：一是子女在机关、事业单位、国有企业有固定工作且收入稳定的；二是个体工商户或经营公司的；三是在城镇购买商品房的；四是家庭中有齐备高档电器，有机动车辆（残疾人代步车、农用手扶车、农用三轮车除外）、工程机械或大型农机具的；五是家庭成员中有就读私立高收费学校或自费出国留学的；六是长期（两年以上）不在本村居住且务工经营有稳定收入和居住条件的，或与本村以外子女、亲属共同生活有保障的；七是从事农业生产规模经营的能人、大户；八是有稳定财产性收入的。

“三不入”，是指在以上“八不进”基础上，属村“两委”主干的一般不纳入贫困户范围；对于儿女有赡养能力的人员要严格审查、认真评议，在广泛征求群众意见的基础上决定是否纳入贫困户范围；对有赌博、吸毒等恶习且屡教不改的人员暂缓纳入贫困户范围。

（五）江西武宁的“八类不准、四类甄别、五类纳入”

江西省武宁县在实践工作中形成了“八类不准、四类甄别、五类纳入”的贫困人口识别方法。

“八类不准”，即存在以下情况的一律不准纳入贫困户：一是在集镇、县城或其他城区购（建）商品房、商铺、地皮等房地产（不包括搬迁移民扶贫户）或现有住房装修豪华的农户；二是拥有家用小汽车、大型农用车、大型工程机械、船舶等之一的农户；三是家庭成员有私营企业主，或长期从事各类工程承包、发包等盈利性活动的，长期雇用他人从事生产经营活动的农户；四是家中长期无人，无法提供其实际居住证明的，或长期在外打工，人户分离的农户；五是家庭成员中有自费出国留学的；六是因赌博、吸毒、打架斗殴、寻衅滋事、长期从事邪教活动等违法行为被公安机关处理且拒不改正的农户；七是为了成为贫困户，把户口迁入农村，但实际不在落户地生产生活的空挂户，或明显为争当贫困户而进行拆户、分户的农户；八是独立生活的子女有能力，但拒不履行赡养义务的。

“四类甄别”，即存在以下情况的，要从严审核甄别，一般不得纳入贫困户。一是家中有现任村委会成员的农户；二是家庭成员中有在由财政部门统发工资的国家机关、事业单位、社会团体工作，或在国有企业和大中型民营企业工作，收入相对稳定的农户；三是购买商业养老保险的农户；四是对被举报或质疑不能作出合理解释的农户。

“五类纳入”，即存在以下情况的，要纳为建档立卡贫困户。一是此次核查上年度人均收入低于3146元的农户；二是民政部门已认定的五保户；三是主要劳动力残疾，家庭状况较差的农户；四是唯一住房为危房且无力修缮的农户；五是因重大自然灾害、重大疾病致贫的农户。

（六）某些地区利用“八比对”和“六清退”提高精准识别率

“八比对”是指：一与公安机关比对人口信息；二与房管部门比对是否购买住房和门面；三与财政部门、人社部门比对是否有财政供养人员；四与交管部门比对是否购买小车、货车、工程作业车等；五与工商部门比对是否有工商营业登记；六与残联部门比对残疾证信息是否真实，是否漏录残疾人信息；七与民政部门比对是否领取定补、优抚等；八与住建部门比对是否在城镇和城区有自建住房。

“六清退”，是指对六种不符合条件的进行清退：一是购买商品房、政策性住房或在城镇自建住房的；二是属于财政供养人员的；三是购买汽车的；四是经营公司的、在县城或乡镇营业的个体工商户；五是残疾证号不真实的；六是身份证重复的。

二、“严实细准”，提高识别精准度

提高精准识别的工作效率、透明度和公正性，在决胜全面建成小康社会的冲刺阶段尤为重要。

（一）昆明市的“五色卡”

云南省昆明市创新运用“五色卡”，构建贫困人口精准识别五个全覆盖工作体系。“五色卡”是“昆明市农村常住人口精准管理识别卡”的简称，其识别方式是：不具备劳动能力或完全丧失劳动能力的无业无力贫困户为“红卡户”；有部分家庭成员为智障、重残、重病患者，但也有家庭成员具备劳动能力，可以进行部分技能培训开展劳务输出或经过帮扶能自行发展产业的贫困户为“蓝卡户”；除“红卡户”和“蓝卡户”以外的建档立卡贫困户，即家庭成员身体健康，主要是因学、因灾、缺技能、缺资金、生产条件差等原因致贫的贫困户为“紫卡户”；已经脱贫，但脱贫质量不高，返贫风险大的脱贫户为“黄卡户”；家庭收入稳定且明显高于国家脱贫标准的农户为“绿卡户”。

构建以红蓝紫黄绿“五色卡”为主体的卡内卡外人口分类识别管理体系，紧盯住了精准识别这个核心环节，在“严实细准”上下了功夫，实现了分层施策、对症下药，建立了致贫、返贫预警机制。

（二）铜仁碧江的“两率一度”

贵州省铜仁市碧江区和平乡依靠“两率一度”开展精准识别工作，提高精准识别率。

一是查漏补评，杜绝“漏评率”。召开乡村组干部及群众精准扶贫查漏补缺会议，推选出户代表和初评精准扶贫户，并由包村干部对推选出的户代表和初评的精准扶贫户走访核实。对已识别的贫困户、贫困人口建档立卡环节进行复核，查漏补缺。

二是召开“院坝会”，确保“知晓率”。通过“院坝会”扶贫大宣讲，转变广大群众思想意识，达成脱贫攻坚思想共识。

三是精心核实，确保“认可度”。开展进村入户走访。按照“全面走访、重点回访”的要求，乡村干部进行一次拉网式大排查、大走访，通过“四看法”进一步核实贫困程度；通过面对面拉家常了解家庭收入情况，并用表册真实记录他们的致贫原因和发展愿望等，真正做到摸清贫困户“家底”，确保全面掌握基本情况。

（三）泉州南安的公开公示公告模式

福建省泉州市南安市制定的精准识别方法是“三对面、三签字、两评议、两公示、一公告”，提高识别贫困人口的精准性、公正性、公开性。

南安市在贫困户甄别过程中，要求做到户有卡、村有册、乡有簿、县有电子档案，贫困户信息全部纳入全国扶贫信息网系统统一管理。

三、利用“数据大平台”，助力贫困识别

借助现代信息技术，尤其是与贫困人口信息相关的大数据平台提高精准识别率，是未来精准扶贫工作中需要广泛应用的方法。

贵州省黔西南州运用数据大平台精准识别贫困户。精准扶贫大数据平台通过接入贵州省大数据局数据库，横向打通公安、民政、农业、税务、财政等13个省直部门单位数据，实现了扶贫数据互通共享、自动比对、适时更新。通过线上查询比对、线下入户核实，对有房产登记、车辆登记和公司注册户登记的贫困农户进行分类处理，做到了应纳尽纳、不落一人、不错一户，有效解决了“扶持谁”的问题。

目前，在贵州省大数据局的支持下，黔西南全面推广运用省精准扶贫大数据支撑平台。通过该平台实现线上查询对

比、线下入户核实，对有房产登记、车辆登记和公司注册户登记的贫困农户进行分类处理，开展精准识别查缺补漏工作。

地方政府在扶贫工作中探索建立的精准识别模式和方式、方法，有利于从形形色色、情况各异的居民中识别出真正贫困的人口，防止了真贫困人口的遗漏和伪贫困人口的冒入，提高了对贫困户和贫困人口的识别率，保证了“六个精准”中的扶贫对象精准，解决了“扶持谁”的问题，为后续工作奠定了基础，为决胜脱贫攻坚提供了前提。

第八章

提升内力　强化产业扶贫

产业扶贫作为精准扶贫五大手段之一，在整个扶贫体系中占据重要甚至是最为重要的地位，是其他脱贫手段的基础，也是提升内生动力的关键。

从当前各地实践来看，按产业划分脱贫类型，主要有一产脱贫、二产脱贫和三产脱贫。

一、产业脱贫之一产脱贫

相比于大城市，农村地区虽交通不便、经济落后，但是农村地区同样具有一定的优势，比如空气好、水质好，同时许多农村地区有很多具备自身特色的农产品。一产脱贫的主要思路是首先建立农村特色农产品品牌，提高农产品品牌知名度，随后利用互联网等手段往外销售农产品。近几年，卓有成效的一产脱贫案例有如下几个。

（一）湘西的土鸡蛋

湘西花垣县十八洞村是一个藏在偏僻幽静山谷中的苗族聚居村，山清水秀，散养土鸡蛋品质很高，但是好产品走不出山谷，就地销售价格低廉，一枚农民散养土鸡蛋平时集市上只能卖到4毛钱。2016年7月，苏宁电商扶贫走进湘西十八洞村，通过依靠线上大聚惠和线下苏宁广场、苏宁门店等资源拓展和宣传，如今一枚土鸡蛋已经能卖到3.96元。通过带动一枚高品质鸡蛋畅销，将4000家农户和6000家城市家庭建立了基础联系。

（二）黄山的特色农产品

截止到2016年，黄山市拥有国家地理标志保护产品13个，数量居安徽省各市第一。其中“地标农产品”占10个，成为当地精准扶贫、精准脱贫的有效抓手。该市把申报、保护国家地理标志产品作为发展特色产业、打造区域品牌的重要突破口，按照“培育扶持一批、申请核准一批、规划储备一批”的思路，挖掘资源抓培育，跟踪协调促落实，建立了“板桥泉水鱼”“富岱杨梅”等40多个符合地理标志保护条件的特色产品数据库。该市已经获批的国家地理标志产品包括“太平猴魁”“黄山毛峰”“黄山白茶”“安茶”“松萝茶”“黄山贡菊”“三潭枇杷”“五城茶干”等农产品。

黄山市把国家地理标志产品与推动优势农产品产业集群发展、带动贫困人口增收脱贫结合起来，优先选择具有扶贫带动性强、辐射范围广、惠及农民多的地标农产品，培育打造成产品有特色、质量过硬、消费者喜爱、经济效益好的特色产业，努力提高地标产品在壮大扶贫产业、增加农民收入中的占比。自实施地标产品保护以来，黄山贡菊种植总面积已突破6万亩，年产值达6亿元；太平猴魁茶园面积5.4万亩，年产值3.5亿元，2016年度入选中国品牌价值评价信息榜，区域品牌价值达186.5亿元，是安徽省唯一上榜的茶叶类国家地理标志保护产品。

目前，黄山市积极推进“互联网+地标产品”产业基地建设，创新线上销售、线下体验的地标产品产销模式，推动地标产品走出大山。据相关部门估算，黄山市地标农产品产业效益惠及70多万山区群众，约占农民人均纯收入的三分之一。

（三）靖西的“优果工程”

广西壮族自治区靖西市依托独特的气候资源和地域优势，把水果种植作为农业产业结构调整的重要内容来抓，大力实施“优果工程”。在南坡、安德、吞盘、禄峒等北部山区发展脐橙、夏橙为主打品种的水果产业带；在安宁、龙邦、壬庄、岳圩等边境乡镇发展以红肉蜜柚品种为主，以脐橙、柑橘类品种为辅的边境水果产业带；在湖润、化峒、新靖等南部乡镇发展葡萄、百香果规模连片种植区。由此形成了“两带一区”的水果产业格局。目前，靖西市水果面积已发展到10.7万亩，其中，柑橙类6.6万亩，蜜柚1.2万亩，葡萄0.25万亩，百香果0.38万亩，大果山楂1.3万亩，三华李、龙眼、梨、荔枝等其他果树类1万亩。

为了顺利推进“优果工程”，靖西市出台了《靖西市农业产业扶持办法》，为水果产业发展提供政策支撑。该办法规定，凡多户连片种植优良水果品种50亩以上或单户连片种植20亩以上，实现标准化统一管理的，按实际种植面积补贴种植户每年每亩150元，从定植当年起，连续补贴2年；凡种植柑桔、葡萄、百香果、山楂的水果品种，市政府无偿提供优质无病苗木；连片开发300亩以上水果基地，扶贫、水利、发改等部门优先安排果园道路、水柜等基地基础设施建设。扶持办法的出台，激发了广大群众种植水果的热情，从2012年至2015年，靖西市财政投入水果苗木及水果种植的补贴款达到3200万元。发改、扶贫等单位的果园基础设施建设投入资金近1000万元。

此外，靖西市还强化技术培训，提高果农管理水平，确保农民增收致富。聘请华南农业大学、广西柑桔研究所的专家教授作为水果产业的顾问，为靖西水果产业化发展提供合理化建议；聘请了10名农民水果技术员，建立健全市乡村三级技术服务网络，充分发挥技术员传帮带作用，实行技术亮牌指导负责制，市乡村三级技术员深入村屯，有针对性地对果农在生产发展过程中所遇到的实际问题、所需的知识及实用技术进行指导与培训，切实提高果农科学种果的水平。2015年，靖西市水果投产面积4.3万亩，产量2.67万吨，产值1.1亿元，果农人均增收580元。

（四）黔西南州的晴隆羊

坡陡、谷深的贵州省黔西南州的晴隆县，石漠化面积占全县土地面积的62%，曾被称为全国最贫困县。2001年，晴隆县结合本地实际，走出了以种草来涵养水土、以养畜来增加农民收入的“晴隆模式”。晴隆县建立起生态畜牧业现代农业示范园区，三合村便是园区的核心场。三合村通过产业扶贫的思路，全村共建成种草场3个，标准化养殖场8个，全村养羊12000余只。2016年底，三合村人均可支配收入7850元，全村138个贫困户567人实现脱贫。

如今的晴隆县人工草地面积达48万亩，改良草地面积38万亩，养羊数达50万只，覆盖全县并带动14个乡镇、96个村、2.4万农户10万多人参与种草养羊。昔日的荒山石地摇身一变成为了遍地是草、满山是羊的新景象。

二、产业脱贫之二产脱贫

不能否认，相比于一产脱贫，在农村地区依靠二产脱贫的困难比较大，但仍有较多案例是通过发展第二产业实现脱贫的。

（一）河北平乡县的家庭手工业村

2013年底，平乡县有78个贫困村，6.58万贫困人口。为使这些人尽快富起来，平乡县依托本县传统产业（自行车、童车、玩具、电子件）与手工业密切联系的特点，借助好孩子、强久、恒驰等龙头企业，创新扶贫方式，把家庭手工业作为扶贫产业培育，把童车座套加工、童车组装、儿童玩具组装、自行车零配件生产等一些可以在家庭加工的生产环节推荐给贫困村、贫困户，重点扶持发展家庭手工业。作为国家扶贫开发重点县，平乡县依托自行车、儿童玩具等县域特色产业优势，探索“互联网+家庭手工业”扶贫模式，实现了千家万户传统手工业与电商联姻，自行车、童车及系列产品年网络交易额超过10亿元。

如今，家庭手工业在平乡县已遍地开花。近两年，平乡县投入财政扶贫资金540余万元，重点扶持创建了童车制造、布套加工、鞍座生产、车篓生产等40多个手工业扶贫片区，打造了60多个特色手工业村，出现了2100多个家庭手工业示范户，以家庭手工业为特色的重点扶贫产业片区已现雏形。

（二）桂平市的金源生物化工

广西金源生物化工实业有限公司是桂平市招商引资的一个重要成果。该公司于2005年6月落户桂平市长安工业集中区，至今先后投入6.5亿元，采用生物发酵技术，沿着生物乙醇和丁醇两个衍生产品加工方向，研发出14个品种，初步形成了该化工领域的产品系列化和产业链。公司实行“公司+基地+农户”的经营模式，和农户建立“订单种植”关系、实行保价收购，极大地调动了农户种植木薯的积极性，促进了地区木薯产业的快速发展。

目前，桂平市木薯种植面积由2004年的10万亩发展到20多万亩，木薯种植户由12万户发展到25万多户，木薯收购价格从2004年的每吨400多元提高到1600元（最高时达到2100元）。2015年，公司购进木薯近8亿元，种植户户均增收4000多元。公司用工近700人，每年支付农民工工资就超过2000万元。2015年，公司实现工业总产值11.76亿元，销售收入10.05亿元，上缴税金2586万元。企业先后获得“广西扶贫龙头企业”“农业产业化国家重点龙头企业”“高新技术企业”和“广西民营企业50强”称号，实现企业增效和农民增收双赢。

良好的投资环境坚定了企业扩大发展的信心。贵港市、桂平市两级党委、政府对工业的重视和对企业的关心、支持让企业家对未来发展有良好预期。金源生物化工不断加大投资和技改力度，计划3年内增加投资5亿元，拉长产业链，力争实现年销售收入超过20亿元、纳税超亿元，为地方发展和农民增收、打赢脱贫攻坚战作出更大贡献。

三、产业脱贫之三产脱贫

对于农村脱贫工作而言，农家乐和旅游业脱贫无疑是最为普遍，也是成功可能性最大的手段。

（一）融水苗族自治县的旅游业

近年来，广西壮族自治区融水县推进旅游发展与生态农业、美丽乡村建设相结合，按照“一个龙头景点带动一片生态旅游、带富一方百姓”和“以一个旅游带促进全域旅游发展”的思路，推出了县城至元宝山休闲旅游与文化体验游等苗族民俗风情游，以及金秋烧鱼体验、“打同年”体验旅游服务项目，成功举办苗族系列坡会活动、中国·融水苗族芦笙斗马节等系列活动，成功打造了“百节之乡”节庆品牌。

据统计，2014年以来，融水县有8个村近1800多贫困户通过发展乡村旅游带动群众脱贫致富，通过发展乡村旅游脱贫人口达7600多人。其中汪洞大军山村通过整合资金上千万元进行旅游建设，增加就业岗位，带动2100名民众脱贫摘帽。

有劳动力的贫困户，优先安排其就业，实施就业型扶贫；有头脑会经营的农户，扶持其开办农家乐、开发旅游商品等经营项目，实施经营性扶贫；无劳力、不会经营的农户，则利用他们现有的土地、房产等资产入股，通过分红收入，进行资产性扶贫……如今的融水县，将“靶向治疗”与精准脱贫相结合，采取“五相加”模式（即“旅游+金融+扶贫”“景区+农村餐饮+宾馆”“旅游+产业+贫困户”“旅游+微商+贫困户”“旅游项目+贫困户”），加大政府投入，通过政府贴息、农户联保等方式，争取金融支农发展乡村旅游，探索精准脱贫的新路子。

这些落地生根的项目，促进了融水县乡村旅游发展，推动了当地村民思维更新、农村就业格局转变、农业产业结构优化，更通过辐射作用，带动周边农民脱贫致富。据测算，2016年，融水县带动8个旅游扶贫村637家贫困户2150人实现脱贫，真正实现了让“绿水青山”变成“金山银山”。

（二）岳西县黄尾镇的旅游脱贫

黄尾镇是安徽省岳西县北部门户，约7300人，森林覆盖率达91%，境内有大别山彩虹瀑布景区。近3年来，黄尾镇利用优势资源，坚持创新引领，大力发展乡村旅游，探索出一条“党员示范、景区带动、精准扶持、景村互融”的旅游扶贫新路子。2015年，乡村旅游综合总收入超过亿元，农民人均可支配收入由上一年的5760元增长至7977元，贫困人口由1384人降至761人，先后获得“全国重点镇”“全国乡村旅游示范村”“全国旅游扶贫试点村”等称号。

黄尾镇充分发挥龙头景区在旅游扶贫中的带动作用，优先支持大别山彩虹瀑布景区，重要资源、重要项目和优质服务向景区倾斜积聚。2012年以来，彩虹瀑布景区累计完成投资1.2亿元，2017年启动了彩虹谷景区、道元传统村落景区及黄尾特色小城镇建设等重点旅游项目建设。该镇利用景区充分发挥党组织和党员在旅游扶贫中的引领示范作用，成立了“彩虹之约”农家乐党支部、彩虹瀑布景区党支部，景区内设置党员便客便民服务中心。实施“四百”乡土人才计划，即发现、培养和使用好一百名旅游产业致富带头人、一百名公益事业带头人、一百名土专家、一百名群众意见代表，夯实旅游扶贫人才基础。

黄尾镇旅游开发不仅带动了餐饮业的发展，还带动了当地土特产的销售。已建成“彩虹之约”农家乐66户。目前，农家乐平均日接待能力8000人次，直接就业500余人，间接带动就业超过2000人。农家乐经营业主蔡立江介绍说：“我这是吃啥卖啥，游客在店里点了什么菜，吃了觉得好吃，走的时候基本上都买点带走，我这有周围几十户乡邻的电话，我虽然赚不了几个钱，但是可以帮乡邻每年卖出几十万的土特产。”2015年，景区接待中心和全镇农家乐使用和销售群众农特产品超过2000万元，为贫困农户增收300多万元。

四、产业扶贫的共性特征

从三大产业扶贫的各地实践中发现，产业扶贫要想取得成功必须具备六大条件。

（一）产业扶贫必须选准产业

不同的贫困地区自身禀赋不同，其适合的产业脱贫模式也不相同，有特色农产品的适合选准一产脱贫，有好环境、奇特旅游资源的适合三产脱贫，因此产业脱贫要选择适合当地发展的特色产业，突出市场，抓住市场需求，大力推进农业供给侧结构性改革，在做优、做精、做特上下功夫，突出现代化发展的基本趋势，适应城镇化、工业化和国际发展的趋势。需因地制宜发展农产品加工，推进休闲农业和乡村旅游发展，延长产业链价值，不断推动一、二、三产业融合发展。

（二）要有强有力的基层组织引导和支持

从上述这几个案例中可以很明显地发现，这几个地区的脱贫工作之所以能取得如此巨大的进展，离不开贫困群体自身的勤奋与努力，但是更离不开乡镇村等基层党组织在带领贫困地区村民脱贫中的巨大作用。这是因为产业脱贫的本质是将贫困地区纳入市场竞争体系当中，在这种情况下，集体的力量远远大于个体的力量，因此具有一定能力的基层组织所发挥的引导作用极为关键。

（三）要打响自身产品的品牌

无论是一产、二产还是三产，可以发现脱贫工作进展顺利的地区，其对产品品牌的重视程度高，相应的，其产品品牌知名度也是相当高的。在市场经济条件下，品牌实际上就意味着利润。目前，我国很多贫困地区实际上拥有很多质量过硬的产品，但因“有产品没价格、有产品无品牌”，发展陷入困境。因此，在产业脱贫工作中应该发挥政府作用，调动企业主体能动性，做优、做强区域公共品牌，做好品牌培育、推介、引导和监督，扩大品牌影响力，提升产业核心竞争力，使贫困农民从产业发展中获得更多收益。

（四）要加强科技服务

与其他脱贫渠道不同，产业脱贫是技术含量比较高的渠道，无论是三大产业脱贫的哪一种，都对相应的技术支撑有要求。比如种植业对种植技术的要求、养殖业对养殖技术的要求、旅游业对风景区规划技术的要求等。因此，产业脱贫必须加大支持贫困地区技术支撑力度，加强贫困户技能培训，建立农技服务精准到户机制，确保技术服务直接到户到人。围绕贫困地区特色产业发展，加强新型职业农民培育和农村实用人才带头人培养。引导支持企业在贫困地区建立劳务培训基地，开展订单、定向培训。

（五）要有启动资金支持

产业脱贫的一个显著特征也是一个较大困难在于需要一定量的启动资金，而这笔资金对于贫困群体而言无疑是极为巨大的。因此，加强对农村地区的金融支持是产业脱贫工作顺利推进的前提，要充分利用好扶贫小额贷款、扶贫再贷款等政策，鼓励金融机构创新符合贫困地区特点的金融产品，引导社会资本通过众筹等方式参与产业扶贫。积极发展特色产品保险，探索价格保险试点，鼓励保险机构和贫困地区开展特色产品保险和扶贫小额贷款保证保险，给予有条件地方补贴。

（六）要有市场销售渠道

农村地区由于交通不便、信息基础设施落后，其特色产品的销售是制约其顺利发展的关键因素。一方面，公路等基础设施差使产品运输通道受阻，另一方面，互联网等技术运用不足会大大影响农村产品的销售规模。从上述案例尤其是一产脱贫的案例中可以发现，想要依靠特色产品脱贫，其关键在于互联网销售渠道的建设。在2015年11月《中共中央国务院关于打赢脱贫攻坚战的决定》中，明确提出要“加大‘互联网+’扶贫的力度”，支持以互联网、电子商务等促进贫困问题的解决。在国务院扶贫办指导下，中国扶贫基金会联合苏宁云商集团、京东集团、阿里巴巴集团、中国社会科学院信息化研究中心、苹果公司等相关单位，共同发起成立了以“创新·互联·共享”为理念的“全国‘互联网+扶贫’共享价值联盟”，并发布《全国“互联网+扶贫”共享价值联盟宣言》，动员相关各方创新合作跨界整合资源、全面推动电商扶贫成果共建各方共享。京东集团与友成企业家扶贫基金会签署《消费扶贫合作备忘录》，并启动首届扶贫消费日，倡议消费者通过购买贫困地区农产品助力扶贫。我国的贫困地区要充分重视和运用这些机遇，大力发展产业脱贫。

第九章

创新思路　推动“互联网+扶贫”

面对严峻的脱贫攻坚形势和任务，需要采取更加有效的举措和超常规的办法。国务院扶贫办在“十三五”脱贫攻坚规划中，提出了包括电商扶贫工程在内的十项精准扶贫工程。保证这些精准扶贫工程如期完成，见到实效，关系到打赢脱贫攻坚战目标的实现。其中电商扶贫正是精准扶贫、精准脱贫工作的重要突破口。

何为电商扶贫？国务院扶贫办负责人的描述通俗易懂：“将贫困地区绿色的、优质农副产品卖到城里去，卖个好价钱，卖出品牌，也让城里人享用到放心的、健康的食品，实现双赢。”电商专家、中国社科院汪向东教授认为：“电商扶贫针对的就是贫困地区本地市场的不足和限制，与其他扶贫方式相比，最关键的区别就在于贫困主体对接市场的不同，电商扶贫就是利用电子商务对接广域大市场的方式，来突破贫困地区本地市场的局限，为贫困地区经济发展和贫困人口创业就业、增收脱贫提供强大的市场动力。”

正如习近平总书记在2016年4月召开的网络安全和信息化工作会议上所指出的：可以发挥互联网在助推脱贫攻坚中的作用，推进精准扶贫、精准脱贫，让更多困难群众用上互联网，让农产品通过互联网走出乡村，让山沟里的孩子也能接受优质教育。

一、实施“互联网+扶贫”是推动产业扶贫的重要举措

我国已是世界第一电子商务大国，初步具备了发展农村电商的基本条件。2017年8月4日，中国互联网络信息中心在北京发布的《中国互联网络发展状况统计报告》[①]显示，目前我国网民数量7.51亿人，互联网普及率为54.3%。电子商务已经成为我国新的经济增长点。以互联网为代表的数字技术正在加速与经济社会各领域深度融合，成为促进我国消费升级、经济社会转型、构建国家竞争新优势的重要推动力。

（一）“电子商务+精准扶贫模式”将成为精准扶贫的一个重要方向

通常，贫困地区都有较好的生态环境，具有生产优质农产品的有利条件，加上近年来消费者对安全放心农产品的需求越来越旺盛，其中有巨大的提升空间和发展潜力。农村电

① “我国互联网普及率为54.3%，超过全球平均水平”，光明网，2017年8月4日。

商与本地优势资源和特色产业有效结合，充分发挥“互联网+”的作用，为精准扶贫找到了可行的方法和手段，促进经济落后的贫困地区通过电商实现“弯道超车”，使扶贫工作实现由“授人以鱼”到“授人以渔”的转变。通过“互联网+扶贫”，对改变贫困地区农民的市场观念和生产生活习惯，更紧密地和市场对接，大力发展特色产业，从盲目生产转向以销定产，带动加工、储藏、物流以及服务业的发展，实现产业脱贫，有十分重要的意义。

（二）“互联网+扶贫”不再是一个概念，而是实实在在的可行路径

实际上，电商扶贫针对的就是贫困地区交通不便、远离市场、信息不畅、物流成本高等本地市场的不足和限制，通过电商扶贫拉近了贫困地区与全国大市场的距离，打破了市场局限，为贫困地区产业发展、人才培养、创业就业等创造了巨大空间。农村电商减少了流通的中间环节，降低了流通成本，把贫困地区绿色的优质特色农副产品卖到城里去、卖个好价钱、卖出品牌，在提高农民利润空间的同时，也让城里人享用到放心的、健康的食品，实现双赢。我们完全有条件、有能力通过实施“互联网+扶贫开发”战略，使电商扶贫在打赢脱贫攻坚战中发挥更大作用。

二、推进“互联网+扶贫”的机遇与挑战

伴随着互联网技术和相关产业的快速发展，借助互联网

手段推进精准扶贫和精准脱贫，我们正面临着前所未有的大好机遇，同时也要面对一系列严峻的挑战。

（一）推进电商扶贫的有利条件

虽然采用电商扶贫模式在我国仍然处于探索阶段，但在短短几年时间通过不断的摸索实践，已经总结了一些经验，取得了一定成绩。

一是国家政策支持为电商扶贫提供了制度保障。2014年中央1号文件要求“完善农村物流服务体系”“启动农村流通设施信息化工程”；2015年中央1号文件进一步明确要“开展电子商务进农村综合示范”；2015年5月4日，国务院发布了《关于大力发展电子商务加快培育经济新动力的意见》，要求研究制订促进农村电子商务发展的意见；2015年8月21日，商务部、国务院扶贫办等部门发布了《关于加快发展农村电子商务的意见》，将电商扶贫工程作为农村电子商务发展重点工作；2015年10月31日，国务院办公厅出台了《关于促进农村电子商务加快发展的指导意见》；2016年11月4日，国务院扶贫办等部门发布了《关于促进电商精准扶贫的指导意见》，要求进一步创新扶贫开发体制机制，将电商扶贫纳入脱贫攻坚总体部署和工作体系，实施电商扶贫工程，推动互联网创新成果与扶贫工作深度融合，带动建档立卡贫困人口增加就业和拓宽增收渠道，加快贫困地区脱贫攻坚进程。

二是互联网企业积极参与有力推动了农村电商发展。商务部在2015年发布的《“互联网+流通”行动计划》中明确指出，第一个重点任务就是推动电子商务进农村，培育农村电商环境。2015年3月，阿里巴巴的农村淘宝——“村淘”已进驻全国8个省（区、市），覆盖13个县、295个村。阿里巴巴计划在2020年前建立1000个县级电商服务中心和10万个村级服务站，总投资100亿元，打造农村电商网络体系。苏宁在2015年计划建成1500家苏宁易购服务站，并计划在5年内建立10000家，深入全国乡村，从渠道建设层面打通“农村电商”发展壁垒。2015年9月25日，国务院扶贫办与苏宁集团首家签署了电商扶贫战略合作协议。京东2015年电商下乡的目标为开设500家县级服务中心，建立1000家左右的京东帮服店。2016年1月，国务院扶贫办与京东集团签署了电商精准扶贫战略合作框架协议。

三是消费习惯和需求结构变化为贫困地区带来发展机遇。伴随经济稳定发展和收入水平持续提高，中国居民对农产品的消费结构发生很大变化，需求层次日益提高，品种类别不断细化，对品质安全和绿色生态要求更高。这种区分层级、日益细化的消费习惯和市场需求的变化，为边远落后、交通不便等区位优势较差的贫困地区带来了发展机遇，将践行习近平总书记的“两山理论”的机遇推到了贫困人口面前。借助电子商务，将深藏在贫困地区的独特生态资源变成特色产业和绿色产品，实现“既要绿水青山，也要金山银山”“绿水青山就是金山银山”。

四是大部分贫困地区已初步具备发展电商的基本条件。多年的农村基础设施建设以及农村宽带与手机上网的普及，为贫困地区发展电子商务奠定了基础。同时，农村年轻人的示范消费带动了农村网购网销。回乡创业就业的年轻人更倾向于涉足电商领域，而不愿或没能力从事传统种养殖业。加上各级政府对发展农村电商的财政金融政策支持，使得农村电商的发展在人、财、物各方面都具备了一定条件。

（二）电商扶贫面临的问题与难点

我国中西部地区农村的电子商务发展仍处于起步阶段，尤其是800多个国家级贫困县。贫困地区既面临着特色产业发展的种种挑战，如产业选择、资金筹措、人才培养、生产技术、产品质量、成本控制等老问题，还要面临互联网技术的掌握、网络营销、物流配送等各种新问题。

一是电子商务基础设施建设依然落后，农村物流体系建设刻不容缓。二是贫困地区产业发展面临着升级换代的压力，农产品生产标准化程度低，依靠传统的发展模式生产大宗农产品，无法在生产成本、产品价格、科技投入、营销渠道和品牌宣传等方面与农业大省相竞争。三是贫困人口观念相对落后，年纪大的村民对于农村电商认知度不高，不懂电脑操作，适合农村电商的人才匮乏，尤其是缺少高端电商人才、领军人物，不易形成引领示范效应。四是缺乏统筹引导，缺少观摩学习的机会和经验借鉴。

这些问题都限制了农村电商的发展和电商扶贫的推进，亟须解决。

三、加强电商扶贫试点工作——“陇南模式”

为贯彻落实国务院各部门促进电商精准扶贫的政策措施，应加快完成对现有电商扶贫试点工作的归纳和总结，并进一步推进电商扶贫试点工作，扩大试点范围。

全国最贫困的地区之一——陇南，把发展电子商务作为助农增收的主渠道和突破口，形成了农产品电子商务的“陇南模式”，引起了国务院扶贫办的关注。经过两次专题调研，2015年1月，陇南被国务院扶贫办列为2015年全国首个电商扶贫试点市。

当精准扶贫遇上“互联网+”，陇南电商扶贫试点探索电子商务助推扶贫开发的途径和方法，为全国14个贫困片区开展电商扶贫创出经验、趟出路子。

（一）试点基本情况

陇南市位于甘陕川三省交界处的秦巴山区，山大沟深，历史上以险峻著称的古蜀道穿境而过，至今仍有一些县没有通高速公路，高铁和机场也尚在建设中，交通不便、信息闭塞一直是当地经济发展的主要瓶颈。虽然当地生态良好、资源丰富，但优质农产品销售难，严重制约着农民增收。

陇南市政府清醒地认识到，如果采取单纯追求GDP增长的发展模式，只能跟在别人后面亦步亦趋，而且还可能付出巨大的环境代价。而互联网已经可以使地理上相隔数千公里的两地实现信息的瞬间传输，电子商务正在深刻地影响着人们的生产生活。虽然高速公路短期内不能修到陇南每个县，但“信息高速公路”进村入户的条件已经成熟。在这种情况下，陇南市政府决定扬长避短，突破脱贫工作的传统套路，大力发展电子商务，把有限的力量用在刀刃上。

陇南市各县区都成立了电商扶贫领导小组，建立了电子商务管理中心，制定了电商扶贫统计通报制度、奖励补助制度和考核制度，向电商投入扶贫扶持资金，全力推动电商扶贫争先创优。

电商的兴起，直接带动当地群众脱贫。截至2016年8月底，陇南全市网店总数达近万家，销售额42亿元，其中贫困户建网店445个，带动贫困人口5万多人，贫困户人均增收460元。

陇南市在实践中探索出了“一店带多户”“一店带一村”等电商扶贫机制，利用网络开展移动电商创业活动，电商扶贫闯出了“陇南模式”，因此荣获2015中国消除贫困奖创新奖。这是全国电商扶贫模式首次上榜。电商的发展极大地增加了农民的收入，带动了产业的发展。

（二）主要经验

一是夯实电商基础打造知名品牌。切实加强农村公路、宽带网络、物流快递基础建设，有效推进电商基础设施向贫困村延伸，为电商扶贫奠定坚实基础；积极引导传统企业转型，加快建设网货供应平台、产品研发中心和包装仓储中心，扶持发展物流企业和快递配送网点，着力解决物流“最后一公里”问题；强化金融支撑，引导金融机构把强电商、壮产业、促增收作为信贷工作的切入点；设立电子商务财政专项扶持资金，以贴息和以奖代补等方式支持电商发展。同时，加大地区特色农产品如油橄榄、花椒、中药材、茶叶等网货的品牌开发，深层挖掘农特产品市场潜力，提升文化内涵。例如陇南市武都区，全区共设计开发电商新产品40余款，申请注册地理标志产品商标6件、乡镇集体商标40件，帮助联贫带贫企业、合作社申请农产品商标20余件，形成了若干知名网货品牌，电商扶贫倒逼特色产业提质增效。

二是社会各方齐心协力推动电商扶贫。以陇南市武都区为例，主动加强与淘宝、天猫、京东等电商平台的联系合作，自建“农村市集”“村玩儿”等特色平台，建成西部地区首家“农村淘宝”村级服务中心和村级服务站，全省首家“阿里巴巴·陇南产业带”上线运营。建立区、乡、村三级电商协会50多个，营造了良好的电商发展环境。与此同时，陇南市武都区不断加强网销产品质量监管，建立健全网销产品质量追溯体系，严格实行“黑名单”制度，力促生产商、网商、服务商“三商”联动，规范市场秩序，促进电子商务持续健康发展。

通过“走出去、请进来”等方式，对电商人员进行系统培训。积极推动“网吧变网店、网民变网商”行动，支持鼓励大学生村官、农村返乡青年、未就业大学生、残疾人带头开办网店，探索出了贫困农户创业型、能人大户引领型、龙头企业带动型、乡村干部服务型等贫困村网店建设新模式，在建档立卡贫困村开展电商扶贫试点，激发了大众创业的热潮。与此同时，把新媒体营销作为宣传推介贫困乡村特色资源、打造电商扶贫名片、实现电商集中突破的“助推器”，不断扩大武都特色农产品知名度和影响力。

三是创新扶贫模式加快脱贫步伐。采取“合作社+农户（贫困户）+网店”的发展模式，致力当地特色产业的发展并承担带贫义务，走出了一条带农助农脱贫致富的康庄大道。2016年10月16日，国务院扶贫办授予陇南市“全国电商扶贫示范市”的称号。

陇南市主动适应“互联网+”新态势，抢抓“全国电商扶贫试点县（区）”和农村淘宝“千县万村计划”机遇，立足资源优势，把加快发展农产品电子商务作为推动脱贫攻坚的主渠道和突破口，走出了一条生态绿色的电商扶贫之路。

第十章

多措并举　打赢脱贫攻坚战

“十三五”时期，我国扶贫开发工作已进入啃“硬骨头”、攻坚拔寨的冲刺期。形势紧迫，任务艰巨，必须全力以赴，切实贯彻落实创新、协调、绿色、开放、共享发展理念，采取有力举措，拿出过硬办法，确保实现脱贫目标。

一、加强党对脱贫攻坚的领导

越是脱贫攻坚战，越是要加强和改善党的领导。脱贫攻坚战考验着我们的精神状态、干事能力、工作作风，既要运筹帷幄，也要冲锋陷阵。各级党委和政府必须坚定信心、勇于担当，把脱贫职责扛在肩上，把脱贫任务抓在手上，拿出“敢叫日月换新天”的气概，鼓起“不破楼兰誓不还”的劲头，攻坚克难，乘势前进。

（一）深入学习贯彻习近平总书记扶贫开发战略思想，增强四大意识，充分发挥政治优势和制度优势

习近平总书记在深入调研和深厚实践基础上形成的扶贫开发战略思想，全面系统总结了中国特色扶贫开发道路的创新实践和主要经验，精辟阐述了扶贫开发在“四个全面”战略布局和“五位一体”总体布局中的重要地位和作用，贯彻了创新、协调、绿色、开放、共享的发展理念，是中国特色社会主义理论体系的新发展，是治国理政思想的重要组成部分，是打赢扶贫攻坚战的科学指南和根本遵循。

一是要从战略高度充分重视扶贫开发工作在总体工作布局中的重要地位。在福建、浙江工作期间，习近平总书记就把扶贫工作作为一个重要内容，不断探索、不断深化、不断推进。党的十八大以来，更是将推动贫困地区贫困人口脱贫作为治国理政的一项重要工作。国务院扶贫办编印的《习近平关于扶贫开发论述摘编》，分 7 个专题编辑了习近平总书记关于扶贫开发的论述，对扶贫开发工作重要性的认识一以贯之。

二是要学习领会关于扶贫开发长期性、艰巨性、复杂性的重大判断。如《摆脱贫困》一书中，讲了滴水穿石的启示，即扶贫开发和经济发展没有什么捷径可走，不可能一夜之间就发生巨变，只能是渐进的、由量变到质变的、滴水穿石般的变化。

三是要学习领会关于坚持科学扶贫要注重实效的重要

理念，进一步提高脱贫攻坚的精准度和有效性。需要不断深化精准扶贫、精准脱贫的方略，变“大水漫灌”为“精确滴灌”，更多面向特定人口、具体人口，让贫困群众真正得到实惠，坚决防止平均数掩盖大多数。

四是要学习领会关于坚持激发内生动力、调动贫困地区和贫困人口积极性的明确要求，进一步发挥“弱鸟先飞”的自强自立精神。

打赢脱贫攻坚战，需要从战略全局高度来把握，沿着正确方向不断创新和实践中国特色扶贫开发理论。系统总结我们党和政府领导亿万人民摆脱贫困的历史经验，提炼升华精准扶贫的实践成果。在扶贫开发工作中充分发挥政治优势和制度优势，一切从实际出发，理论联系实际，实事求是，从群众中来，到群众中去。

（二）强化领导责任制，增强各级领导扶贫开发的责任感、紧迫感、使命感

党中央、国务院主要负责统筹制定扶贫开发大政方针，出台重大政策举措，规划重大工程项目。省（自治区、直辖市）党委和政府对扶贫开发工作负总责，抓好目标确定、项目下达、资金投放、组织动员、监督考核等工作。市（地）党委和政府要做好上下衔接、域内协调、督促检查工作，把精力集中在贫困县如期摘帽上。县级党委和政府承担主体责任，书记和县长是第一责任人，做好进度安排、项目落地、资金使用、人力调配、推进实施等工作。

要层层签订脱贫攻坚责任书，扶贫开发任务重的省（自治区、直辖市）党政主要领导要向中央签署脱贫责任书，每年要向中央作扶贫脱贫进展情况的报告。省（自治区、直辖市）党委和政府要向市（地）、县（市）、乡镇提出要求，层层落实责任制。中央和国家机关各部门要按照部门职责落实扶贫开发责任，实现部门专项规划与脱贫攻坚规划有效衔接，充分运用行业资源做好扶贫开发工作。

改进县级干部选拔任用机制，统筹省（自治区、直辖市）内优秀干部，选好配强扶贫任务重的县党政主要领导，把扶贫开发工作实绩作为选拔使用干部的重要依据。基层党委和政府要把加快扶贫开发作为“一把手工程”，把扶贫开发工作作为义不容辞的责任。在坚持中央统筹、省（自治区、直辖市）负总责、市（地）县抓落实的工作机制下，推动建立贫困地区基层党委领导、政府负责、部门协同、社会参与的工作格局，积极整合各级财力和各类资源，推动扶贫开发加快发展。特别是要加大对贫困地区脱贫攻坚工作的考核力度，实行年度报告和通报制度。

（三）广泛动员全社会力量参与贫困地区开发建设

鼓励各类企业通过资源开发、产业培育、市场开拓、村企共建等形式到贫困地区投资兴业、培训技能、吸纳就业、捐资助贫，引导一批大型企业在贫困地区包县包村扶贫，鼓励社会团体、基金会、民办非企业单位等各类组织积极支持贫困地区开发建设。对于各类企业和社会组织到贫困地区投资兴业、带动贫困群众就业增收的，严格落实税收、土地、金融等相关支持政策。开展多种类型的公益活动，引导广大社会成员和港澳同胞、台湾同胞、华侨及海外人士，通过爱心捐赠、志愿服务、结对帮扶等多种形式参与贫困地区扶贫开发。

在动员各方面力量参与扶贫开发工作时，各级党委和政府要全面落实各项任务举措，认真抓好各方面意见的贯彻落实，明确工作任务和责任分工，加大政策项目实施力度，确保年年有总结部署、有督促检查。中央和国家机关有关部门要按照职责分工，抓紧制订实施方案，细化实化相关具体政策措施，全面落实各方面意见和提出的各项任务。国家发展改革委负责牵头协调解决动员各方面力量参与扶贫开发工作时遇到的困难和问题，会同民政部、国务院扶贫办等部门和单位加强对各方面意见执行情况的跟踪检查，重大问题及时向党中央、国务院报告。充分发挥各级贫困地区建设促进会的监测评估作用，适时组织第三方机构对扶贫开发工作实施情况进行评估。

（四）加强扶贫开发队伍建设

一是稳定和强化各级扶贫开发领导小组和工作机构。扶贫开发任务重的省（自治区、直辖市）、市（地）、县（市）扶贫开发领导小组组长由党政主要负责同志担任，强化各级扶贫开发领导小组决策部署、统筹协调、督促落实、检查考核的职能。加强与精准扶贫工作要求相适应的扶贫开发队伍和机构建设，完善各级扶贫开发机构的设置和职能，充实配强各级扶贫开发工作力量。扶贫任务重的乡镇要有专门干部负责扶贫开发工作。加强贫困地区县级领导干部和扶贫干部思想作风建设，加大培训力度，全面提升扶贫干部队伍能力水平。

二是加强乡镇和村级领导班子建设，充分发挥扶贫开发一线战斗堡垒作用。加强贫困地区基层党组织建设，选优配强党组织带头人，完善村级组织运转经费保障机制，强化服务群众、村干部报酬待遇、村级组织活动场所等基础保障。做好贫困地区村级党组织第一书记选派工作，充分发挥基层党组织团结带领老区群众脱贫致富的战斗堡垒作用。根据贫困地区贫困村实际需求，精准选派驻村工作队，提高县以上机关派出干部比例。加强贫困乡镇领导班子建设，有针对性地选配政治素质高、工作能力强、熟悉“三农”工作的干部担任贫困乡镇党政主要领导。抓好以村党组织为领导核心的村级组织配套建设，集中整顿软弱涣散村党组织，提高贫困村党组织的创造力、凝聚力、战斗力，发挥好工会、共青团、妇联等群团组织的作用。

三是注重选派思想好、作风正、能力强的优秀年轻干部到贫困地区驻村，选聘高校毕业生到贫困村工作。根据贫困村的实际需求，选派思想好、作风正、能力强的优秀年轻干部驻村，充实扶贫开发工作第一线，选聘高校毕业生到贫困村工作锻炼。加大驻村干部考核力度，不稳定脱贫不撤队伍。对在基层一线干出成绩、群众欢迎的驻村干部和大学生村官，要重点培养使用。加快推进贫困村村务监督委员会建设，继续落实好“四议两公开”、村务联席会等制度，健全党组织领导的村民自治机制。在有实际需要的地区，探索在村民小组或自然村开展村民自治，通过议事协商，组织群众自觉广泛参与扶贫开发。

（五）严格扶贫考核督察问责，全面推进扶贫开发法治建设

一是切实贯彻严格执行扶贫开发逐级督察问责。建立年度扶贫开发工作逐级督察制度，选择重点部门、重点地区进行联合督察，对落实不力的部门和地区，国务院扶贫开发领导小组要向党中央、国务院报告并提出责任追究建议，对未完成年度减贫任务省份的党政主要领导进行约谈。各省（自治区、直辖市）党委和政府要加快出台对贫困县的扶贫绩效考核办法，大幅度提高减贫指标在贫困县经济社会发展实绩考核指标中的权重，建立扶贫工作责任清单。加快落实对限制开发区域和生态脆弱的贫困县取消地区生产总值考核的要求。落实贫困县约束机制，严禁铺张浪费，厉行勤俭节约，严格控制“三公”经费，坚决刹住穷县“富衙”“戴帽”炫富之风，杜绝不切实际的形象工程。建立重大涉贫事件的处置、反馈机制，在处置典型事件中发现问题，不断提高扶贫工作水平。加强农村贫困统计监测体系建设，提高监测能力和数据质量，实现数据共享。

二是切实贯彻执行中央对省（自治区、直辖市）党委和政府扶贫开发工作成效考核办法。中共中央办公厅、国务院

办公厅《省级党委和政府扶贫开发工作成效考核办法》要求中西部22个省(自治区、直辖市)党委和政府扶贫开发工作成效的考核，要围绕落实精准扶贫、精准脱贫基本方略，坚持立足实际、突出重点，针对主要目标任务设置考核指标，注重考核工作成效。在考核过程中坚持客观公正、群众认可，规范考核方式和程序，充分发挥社会监督作用。考核工作应该坚持结果导向、奖罚分明，实行正向激励，落实责任追究，促使省级党委和政府切实履职尽责，改进工作，坚决打赢脱贫攻坚战。

三是全面推进扶贫开发法治建设。各级党委和政府要切实履行责任，善于运用法治思维和法治方式推进扶贫开发工作。其一，要在规划编制、项目安排、资金使用、监督管理等方面，提高规范化、制度化、法治化水平。其二，要强化贫困地区社会治安防控体系建设和基层执法队伍建设。其三，健全贫困地区公共法律服务制度，切实保障贫困人口合法权益。其四，要完善扶贫开发法律法规，抓紧制定扶贫开发条例。

二、加强贫困地区基础设施建设，夯实脱贫发展根基

基础设施是贫困地区经济发展与脱贫的“命脉”，要优先解决通路、通水、通电等问题，打通经济“动脉”、畅通农业农村发展的“血脉”，切实改善贫困地区的生产生活条件。一是强化交通、水利、电力建设。要想富，先修路。必须采取有力措施，加快推动连接贫困地区的重大交通项目、

乡村道路建设，解决好群众行路难、运输难问题。加快建设与贫困地区群众生产生活直接相关的水利工程，实施农村饮水安全巩固提升工程，全面解决贫困人口饮水安全问题。推进贫困地区农网改造升级，解决好贫困群众用电问题。二是推进信息基础设施建设。消除“数字鸿沟”、抓住“数字机遇”是贫困地区实现“弯道超车”的关键，贫困地区信息化建设可能引发一场新的扶贫方式变革。要加快信息化步伐，把互联网思维引入到脱贫攻坚中，加大财政投入，运用PPP、委托经营等方式，实现贫困村宽带网络全覆盖。比如，湖南的贫困山区通过互联网把绿色优质的农产品卖到城里去，既能帮助老百姓脱贫致富，也能让城里人享受到放心、健康的食品。三是加快文化基础设施建设。治贫先治愚，扶贫先扶智。要充分发挥“文化育民、文化富民”的积极作用，促进贫困地区经济社会全面发展。构建固定设施、流动设施和数字设施有机结合、相互补充的设施网络体系。对县级公共图书馆、文化馆等公共文化设施“填平补齐”、消除空白，以县为基本单位推动落实基本公共文化服务项目普遍达标、全面覆盖。

三、推进贫困地区特色产业发展，打造脱贫发展引擎

人无我有，人有我优，人优我特，有特色才有比较优势，才有更广阔的发展前景。一是着力推动特色产业发展。发展特色产业，实施产业扶贫是落实精准扶贫和实现贫困群众增收脱贫的关键措施。要结合实际制定贫困地区特色产业

发展规划，加大政策扶持力度，实施贫困村“一村一品”产业推进行动，扶持建设一批贫困人口参与度高、受益度高的特色农业基地。比如在荒山荒漠面积广阔、光照资源丰富的地区，发展光伏发电，农户用电不花钱，结余的电上网卖钱。二是持续优化产业结构。合理的产业结构是贫困地区长远发展的基础，要调整优化贫困地区产业结构，大力发展具有地方特色和市场前景广阔的优势产业。支持贫困地区有序合理开发当地资源，积极发展新兴产业，承接产业转移，加快一、二、三产业融合发展，让贫困户更多分享农业全产业链和价值链增值收益。三是大力推进农业现代化。农业的出路在现代化，要加快现代科技在贫困地区的推广应用，让农业经营有效益，让农业成为有奔头的产业。积极培育贫困地区农民合作组织，鼓励企业从事农业产业化经营，探索企业与贫困农户建立利益联结机制，促进贫困农户稳定增收。探索将财政资金投入设施农业、规模养殖等项目形成的资产，折股量化给贫困村和农户，让他们分享农业现代化的红利。

四、加大贫困地区生态保护力度，筑牢脱贫发展防线

加强贫困地区的生态环境保护和建设，既是当前治贫之举，也是长远固本之道。要切实贯彻绿色发展理念，把脱贫攻坚与建设美丽中国结合起来。一是做好生态补偿脱贫。对于生存条件差、需要保护修复的地区，要结合生态环境保护和治理，探索生态脱贫的新路子，让贫困地区从生态环境保护中得到更多实惠。要加大保护修复力度，开展生态综合

补偿试点，增加重点生态功能区转移支付，扩大政策实施范围。二是大力发展生态产业。努力构建生态化产业体系，支持贫困地区可再生能源开发利用，因地制宜发展太阳能、风能、生物质能等清洁能源，把生态环境优势转化为生态农业、生态工业、生态旅游等生态经济的优势。三是实施好异地搬迁扶贫。对居住条件恶劣、生态环境脆弱、自然灾害频发地区的贫困人口，坚持群众自愿、积极稳妥的原则，实行搬迁安置，做到搬得出、稳得住、有事做、能致富。四是推进美丽乡村建设。把美丽乡村建设与扶贫开发有机结合，坚持科学规划，加大贫困村危房改造、农房抗震改造力度，推进贫困村环境综合整治力度，把贫困村建设成为“留得住青山绿水、记得住乡愁、看得见幸福”的美丽乡村。

五、深化贫困地区结构性改革，增强脱贫发展能力

推进结构性改革是惠农强农的必然路径，要增强贫困地区经济持续增长动力，推动生产力水平实现整体跃升。一是推进农业供给侧结构性改革。推动脱贫，农业发展是关键，必须找准贫困地区农业发展的“病根”，从供给端发力，提高农业供给体系质量和效率，使农产品供给数量充足、品种和质量契合消费者需要，真正形成结构合理、保障有力的农产品有效供给。二是推进贫困地区资源收益分配结构性改革。调整完善资源开发收益分配政策，更多地让贫困群众受益。比如，在水电、煤炭、油气等资源丰富的地区，高水平建设一批循环经济基地，把占用的资源转变为农民股权，使

农民受益；在拥有良好自然环境和独特人文环境的地区，发展乡村游，使农产品变成旅游产品，农家院变成旅游设施，绿水青山变成群众脱贫致富的“金山银山”。三是加大贫困地区公共服务供给。与其他地区相比，贫困地区在居民收入、公共服务、社会事业等方面存在较大差距，实现农村贫困人口脱贫和解决区域性整体贫困问题，需要补上公共服务短板。比如，重大工程、重大项目向集中连片特困地区倾斜，解决制约发展的突出矛盾和问题，增强其经济社会发展支撑能力，为贫困群众发展生产、改善生活创造有利条件。

六、弘扬自力更生奋斗进取精神，激发脱贫发展内生动力

“授人以鱼”不如“授人以渔”。扶贫不是慈善救济，而是要激发内生动力，调动贫困地区和贫困人口积极性。党和政府的好政策，不能变成养懒人的政策，不能助长等、靠、要的思想。一是尊重扶贫对象主体地位。贫困群众是扶贫攻坚的对象，更是脱贫致富的主体，扶贫的根本出路是增强贫困群众的“造血”能力，脱贫致富终究要靠自己的辛勤劳动实现。要引导和促进所有能劳动的人自力更生，就业、创业，鼓励他们依靠自己的双手开创美好的明天。二是重视发挥广大基层干部群众的首创精神。“只要有信心，黄土变成金。”要做好对贫困地区干部群众的宣传、教育、培训、组织工作，引导他们树立“宁愿苦干、不愿苦熬”的观念，支持他们积极探索，为他们创造“八仙过海、各显神通”的环

境和条件。三是振奋贫困地区和困难群众的精神风貌。扶贫既要富口袋，也要富脑袋。人穷志不能短，没有脱贫志向，再多的扶贫资金也只能管一时，不能管长久。要坚持以促进人的全面发展的理念指导扶贫开发，弘扬艰苦奋斗精神，丰富贫困地区文化活动，加强贫困地区社会建设。

第十一章

精准扶贫的典型案例

如何做到精准扶贫、精准脱贫，如何按时保质完成脱贫攻坚任务，除了在制度安排、任务要求、政策举措、组织保障、考核评估等方面要到位，强化试点工作，及时总结典型经验，发现工作中的难点和不足，供贫困地区的政府、企业、基层组织和贫困户学习借鉴，也十分必要。

案例一　内蒙古敖汉之创新大扶贫理念

（一）基本情况

敖汉旗是国家级贫困旗县，位于赤峰市东南部，地处燕山山脉东段努鲁尔虎山北麓、科尔沁沙地南缘，南与辽宁省毗邻，东与通辽市接壤，总面积8300平方公里，辖15个乡镇苏木、3个办事处，225个嘎查村、15个社区居委会，总人口

60万。全旗有林面积572万亩，森林覆盖率43.8%，是“全国人工造林第一县”“全国生态建设示范区”“全国再造秀美山川先进旗”。2002年6月，被联合国环境规划署授予“全球环境500佳”称号，被称为“绿色敖汉”。境内有金、铁、铜、钼、铅、锌、萤石、油页岩等矿产30多种，现年产黄金5吨以上，有“内蒙古产金第一县”之称，又被称为“金色敖汉”。境内有追溯到1万年前、未出现断层的7种史前文化，其中用敖汉地名命名的有 7 种，有9处国家级重点文物保护单位。距今8000年的兴隆洼文化遗址被考古界誉为“华夏第一村”，出土的我国目前为止发现最早、最完整的红山文化整身陶塑人像被誉为“中华祖神”，出土了世界最早的玉器，发现了中国最早龙的雏形，有“龙祖玉源”之称，被考古界确立了5种文化定位（龙的发祥地、玉文化源头、中华祖先崇拜的发祥地、红山古国核心区域、世界旱作农业发源地），还被称为“人文敖汉”。

多年来，敖汉旗将扶贫开发作为头号民生工程常抓不懈，分析致贫原因，对接上级政策，探索有效措施，加大扶贫力度，取得了阶段性成效。“十二五”期间，通过实施各类扶贫措施，全旗贫困群众收入水平稳步提高，全旗贫困人口减少8.11万人。但由于敖汉旗地处干旱半干旱农牧业生态脆弱区，立地条件差，自然灾害频繁，生存环境脆弱、基础设施薄弱，自身财力和脱贫能力有限等因素制约，全旗贫困化程度相对较高。目前，全旗仍有重点贫困嘎查村99个，建档立卡贫困人口3.85万人，约占全区的5%、全市的16%，是全区贫困人口最多的旗县。

（二）主要经验和做法

1. 谋篇布局，用大扶贫理念统揽全旗脱贫攻坚工作

一是出台一个决定。在广泛调研的基础上，区分贫困类型，找准致贫原因，以贫困群众发展意愿为切入点，从贫困地区在生产发展、生活改善等方面的需求入手，出台了《关于打好脱贫攻坚战的决定》统筹全局，明确了指导思想和目标任务、脱贫措施。统筹安排年度脱贫任务，计划2016年脱贫1.19万人，2017年脱贫1.04万人，2018年脱贫0.85万人，2019年脱贫0.77万人，2019年基本完成脱贫任务，2020年巩固提高脱贫成果。

二是制定一个方案。汇总全旗52个单位“十三五”扶贫规划，形成了《敖汉旗2016—2020年脱贫攻坚实施方案》，明确每个部门的具体责任，形成“1+N”的工作格局，有计划、有重点地把各类惠民政策、资金向贫困嘎查村倾斜集中使用，切实做到叠加扶贫效益，切实提高扶贫成效。即扶持产业发展1.91万人，占比49.61%；扶持易地搬迁6887人，占比17.89%；生态补偿0.05万人，占比1.3%；教育扶持0.2万人，占比5.19%；社会保障兜底1万人，占比25.97%。形成了政府主导、部门配合、市场运作、社会参与的合力攻坚之势。

三是描绘一张蓝图。旗、乡、村分别根据实际情况制定贫困户分布图、脱贫产业规划图、“五个一批”分解图、脱贫进度图、致贫原因分析图、易地搬迁规划图、脱贫成效

图。通过挂图作战，全面明确了攻坚任务目标，明确了完成时限，明确了帮扶措施，明确了脱贫成效，达到了有的放矢的效果。目前，旗、乡两级已经全部完成挂图任务，225个嘎查村基本完成挂图任务。

四是制作一套表格。按照区市的文件要求，各帮扶单位、各乡镇苏木办事处和嘎查村全部建立了管理台账，印制了脱贫攻坚“三本账”。同时，编制了精准识别入户调查表、贫困户建档立卡花名表、贫困户脱贫计划表、干部结对帮扶表、易地搬迁情况人口登记表、脱贫成效登记表。通过表格内信息的完善切实做到“六个精准”和“四清”。

2. 精准定位，提高脱贫攻坚精准度

按照自治区扶贫办建档立卡“回头看”工作要求，对全旗建档立卡工作进行梳理和整改。严格按照工作程序，按照倒排序顺序评选的方式进行评选，通过大力宣传、广泛调查、公告公示等多种形式积极稳妥开展精准识别整改工作，在“回头看”工作中制定了包含住房、耕地、健康状况、劳力素质等监测条件的17个大项目、71个子项目的《精准识别入户调查表》，组建了由乡镇苏木办事处干部、村（居委会）或驻村干部（第一书记）、村民组长、党员与群众代表组成的7人民主评议核查小组，以村民组为单位，对全旗农村牧区扶贫对象进一步精准识别。与民政、住建等部门积极沟通，利用共享数据，对不符合条件的人员进行甄别、剔除。在此基础上完善全旗扶贫信息网络系统，分析致贫原因，理清帮扶需求，明确帮扶责任，落实帮扶措施，使扶贫对象更加精准，确保脱贫攻坚的瞄准性。现已完成20539户、3.85万贫困人口的精准识别，并对贫困人口的致贫原因进行确认。其中，因缺少劳动力致贫4659人，占12.1%；因残致贫2402人，占6.24%；因学致贫1425人，占3.7%；因灾致贫1597人，占4.15%；因病致贫16644人，占43.23%；因缺资金、技术致贫11773人，占30.58%。完成对2014—2015年度12918户、59302人的脱贫标注工作。

3. 突出重点，加大“三到”脱贫力度

一是推进危房改造工作。按照“三到”资金可以优先扶持贫困户的项目要求，对全旗危房改造工作扶持对象进行了详尽的统计。截止到现在，全旗各乡镇苏木办事处认定的全旗认定D级危房建档立卡贫困户1921户、3529人，其中贫困村中有1070户、1985人，每户补助1万元，共投入财政扶贫资金1921万元。

二是形成产业扶贫规划。在产业扶贫规划上，计划投入4420.13万元，其中财政扶贫资金2534万元，覆盖17870户、50406人，其中贫困户5569户、10285人。在主导产业上，依托中敖集团发展肉牛0.19万头；借助蒙羊集团和呼格吉乐合作总社发展、改良肉羊3.3万只；扶持阜信源公司、引进温氏集团发展生猪4.8万口；依托东阿阿胶集团发展驴0.54万头；同时，打配饲料地井36眼，建设改良站8处、棚圈1.28万平方米；扶持金沟农业与禾为贵种业，依托旱作农业系统“全球重要农业文化遗产”农耕文明品牌种植粮食3.2万亩，购置农机具183台套；培训农牧民6600人次。在特色产业上，依托各专业合作社，发展设施农业2641亩、食用菌740亩、地栽木耳34处、灵芝种植棚86栋、苹果种植500亩。形成旗有龙头企业、乡有种养基地、村有发展项目、户有增收产业的发展格局。

在创新收益分配方式设计上，扶贫项目的选择按照贫困户本人意愿，对有生产发展能力的直接进项到户扶持，该部分贫困人口占全旗贫困人口的30%；对其他70%以上老弱病残无劳动能力的贫困户通过村民代表大会研究，贫困户本人签字认可，按大户带动、代耕代养、合作社互助、入股分红等形式进行资产收益分配，逐级签订协议，确保贫困弱势群众真正受益。

目前，全旗99个贫困村均已开工建设种养基地。工程进展较快的新惠镇、长胜镇、萨力巴乡、牛古吐乡，均已与温氏集团、阜信源公司签订合同，与项目村签订协议，与贫困户签订契约。新惠镇、长胜镇生猪扶贫基地全部开工建设；长胜镇肉羊扶贫基地土建工程已经完工，正在准备肉羊引进工作；新惠镇红娘沟村81个蔬菜冷棚建设完成。

三是落实结对帮扶责任。敖汉旗根据国家扶贫政策的调整出台了《关于开展脱贫攻坚“干部到村到户”结对帮扶工作的通知》和《敖汉旗脱贫攻坚“干部到村到户”结对帮扶工作管理办法（暂行）》文件，组织动员旗直、乡镇行政事业单位在编在岗人员和村“两委”成员与贫困户结成帮扶对子，36位县处级领导持续联系36个重点嘎查村，全旗113个驻村帮扶工作队全部进入225个嘎查村开展工作。截至目前，

3086名旗级干部、1280名乡镇帮扶干部、981名村“两委”班子帮扶干部与20539户贫困户完成结对对接，发放扶贫挂历2.33万张、扶贫手册3.1万册、干部工作手册5347册、干部联系卡1.1万张。各帮扶单位直接投入帮扶资金44.74万元，投入物资折合资金142.97万元，协调项目2362万元。形成了“上下贯通、横向到边、纵向到底”的工作体系；编制了“脱贫攻坚帮扶联系卡”，使帮扶干部充分了解贫困户的基本情况，贫困户清楚帮扶干部的联系方式，实行一站式对接，明确了帮扶责任，达到了“保姆式”脱贫服务的要求。

4. 稳妥推进，开展金融扶贫工作

一是推进金融扶贫富民工程。继续坚持“五六七”工作法和“2联1”“3联2”工作方式，以产业发展为抓手，采取先建后补的方式，加快“金融扶贫”工作进程。目前，已发放年度贷款1.025亿元，完成年度任务的74.87%，其中转贷2763万元。贷款放贷总量达到5.57亿元，覆盖17个乡镇苏木办事处，91个嘎查村，2301户、6827人，其中贫困户936户、2766人。

二是做好小额信贷扶贫工作。依托中国扶贫基金会，通过全程上门服务，2016年已发放小额信贷扶贫贷款1286万元，覆盖了12个乡镇办事处，80个村（居委会），847户、2708口人。

三是做好互助资金试点管理工作。在全旗12个乡镇19个试点村开展试点工作，各扶贫互助社运行良好。截至目前，已累计发展社员2204户，其中建档立卡贫困户586户；2016年发放互助资金381.59万元，覆盖809户，其中贫困户232户。通过多年的滚动发展，已累计完成了对4564户次的资金支持，其中贫困户2703户；累计发放互助资金2027.27万元，其中贫困户占1207.49万元；累计还款1569.576万元，社员全部按期保质还款，无逾期贷款。

四是做好“强龙贷”前期准备工作。市扶贫办与商业银行合作推出“强龙贷”工程，即赤峰市本级财政扶贫配套资金，提供5000万元作为风险补偿资金，按10倍以上比例放大贷款规模，采取杠杆撬动、保险公司担保的方式为各旗、县、区带动贫困户生产发展并与贫困户建立紧密利益联结机制的扶贫龙头企业、涉农小微企业和新型农牧业经营主体、农牧业合作社等借款人提供全市共5亿元的扶贫贷款支持，以解决其担保难、贷款难的问题。目前，正积极做好贷款需求调查等准备工作，待政策落地后，尽快放贷。

5. 收缩转移，加快易地搬迁工作

根据上级文件精神，组织全旗18个乡镇苏木办事处开展了易地搬迁调查统计工作，通过群众签字认可、乡镇审核、建档立卡系统确认，已将1200人的任务确定到村到户到人。涉及古鲁板蒿乡孤山子村等4个乡镇7个村，迁出区为28个自然村，迁入区为15处。目前，四道湾子镇、古鲁板蒿乡、玛尼罕乡的易地移民迁入区住宅项目已开工建设。同时，已经和敖汉旗国有资产经营管理有限公司形成了旗县级投融资平台，做好了为易地扶贫搬迁等项目承接自治区专项建设资金、地方性政府债务资金的前期准备工作，为更好地扩大扶贫渠道提供了有力保障。

6. 拓宽路径，积极探索产业扶贫新方式

一是探索电商扶贫工作。经过积极争取，敖汉旗获得38万元的电商扶贫项目，即投资3万元建设旗级服务中心1处、投资9万元建设乡镇服务站3处、投资26万元建设村级示范店26个。目前，已经做好前期准备工作，乡村两级电商项目待上级采购设备到位后，即可在旗级电商孵化中心培训后组织全面实施。

二是探索旅游扶贫工作。依托“华夏第一村”“全球500佳”等品牌资源和具有地方特色的自然风光，扶持贫困家庭发展具有浓郁地方特色风情的“农家乐”“牧家乐”等餐饮、住宿、休闲一体化的乡村旅游项目，实现贫困人口同步脱贫。目前，已确定四道湾子镇白斯郎营子村小河沿文化挖掘、四家子镇热水汤村温泉度假、羊场办事处两间房村乌它山牧场“敖汉部落”民俗风情3个主要旅游资源区域，为2016年度第一批旅游扶贫试点。

7. 凝心聚力，全面开展社会扶贫工作

一是国家安全部定点帮扶工作。2016年，投入帮扶资金635万元建设生猪养殖、肉驴产业及农业基础设施建设等7个项目，全面推进各领域帮扶合作，有效促进敖汉旗经济社会的全面发展。同时，协调为赤峰市配水0.9亿立方米辽西北调水敖汉支线工程，配合内蒙古自治区水利勘测设计院完成配水方案的编制工作，已一并上报内蒙古自治区人民政府待批；协调计划投资总计7.6亿元的国道305线玛尼罕至玉田皋段二级公路、省道210线高日罕至羊场段二级公路建设项目，路线全长95公里，目前，自治区交通厅、发改委已来敖汉旗对两条公路查看现场，召开评审会。同时，两条线路固定资产节能登记、项目选址意见、同意跨铁路意见、水土保持方案、环境影响报告书及土地预审意见都已批复，社会稳定风险评估报告的编制等支撑性文件均已完成。

二是海淀区京蒙对口帮扶工作。确定敖汉旗京蒙对口帮扶项目4个，即敖汉旗医院急救中心及体检综合楼建设项目、敖汉旗双城养羊农民专业合作社昭乌达肉羊养殖基地建设项目、敖汉旗英发杂粮种植农民专业合作社仓储库扩建项目、古鲁板蒿农贸市场建设项目。目前，项目申报工作已经完成，待市发改委批复可行性研究报告，下达投资计划。

三是积极争取医疗设备救助项目。组织敖汉旗医院、敖汉旗疾病防治中心申报自治区贫困旗县大型医疗设备，获得批复后可获得总价值3376万元15台套医疗设备。会同敖汉旗卫生局申报“慈善医疗阳光救助工程”，项目获批后金厂沟梁镇中心卫生院可得到救护车1辆、医疗器械4套的资助。

（三）主要成效和经验借鉴

通过创新大扶贫理念，敖汉旗开辟了精准扶贫新路径，摸索和总结出医疗救助扶贫、资产收益扶贫、产业引领扶贫等7种扶贫模式，精准解决了“扶持谁、谁来扶、怎么扶”的问题，对精准扶贫具有宝贵的示范意义。

1. 立足旗情，把扶贫开发工作融入经济社会发展大局

通过举全旗之力，多措并举，分类施策，使脱贫攻坚工作真正做到“四清”。

一是底数清。将贫困户的基本情况摸清，全面分析贫困群众的致贫原因，知道贫困群众的脱贫能力，了解贫困群众发展需求，切实做到“户有卡、村有册、乡有簿、旗有档”，确保对每村每户的贫困状况都一清二楚，从而在精准施策上出实招、在精准推进上下实功、在精准落地上见实效，真正解决“扶持谁”的问题。

二是责任清。通过图表涵盖贫困村及贫困人口分布、致贫原因、具体脱贫措施、结对帮扶单位、帮扶责任人、脱贫年度计划等基本信息，使全旗基本情况明了，脱贫路径明了，工作目标明了，分工责任明了，能按方案推进、按表格攻坚、按图表指导作战，真正解决“谁来扶”的问题。

三是措施清。通过挂图作战，设定了时间表，切实做到目标任务明确、完成时限明确、帮扶措施明确，真正解决“怎么扶”的问题。

四是工作方法清。各乡镇从基础设施、生产发展、生活改善、能力提升等方面的需求入手，结合全旗产业发展和产业结构调整规划，采用“一村一策、一户一法”的工作方式，多措并举，整合资源，因地制宜地将每个贫困户精准分配到“五个一批”不同类型中，做到扶真贫、真扶贫、真脱贫，切实提高扶贫成果可持续性，让贫困人口有更多的获得感。

2. 阳光管理，确保扶贫质量

一是明确责任。在各级扶贫管理层级明确工作职责，坚持“一岗双责”，充分发挥乡村两级组织的积极性，将扶贫工作和农村经济社会发展各项事业有机结合起来。二是群众参与。扶贫项目申报前都要组织嘎查村召开项目工作会议，征求贫困户意见，按群众的意愿确定项目，设计制订实施计划。三是坚持公告公示。项目批复后7个工作日内要在旗级主要媒体上进行公示，嘎查村在每个项目批复后都建立制式标牌，对项目户、资金投入、项目建设情况进行公告，全面接受群众监督。四是坚持政府采购。在每个扶贫项目实施过程中，凡是涉及采购的，统一进行政府采购；到户项目采用“一卡通”的方式进行。五是强化监督检查。在旗委、政府“两办”的领导下，以项目考核为引导，强化目标约定机制。六是坚持验收报账管理。在项目资金验收与报账时，项目实施单位必须提供与项目申报时一致的受益户签字凭证，进行申报验收。七是坚持村级义务监督员制度。充分发挥全旗1050名村级义务监督员的作用，使之成为扶贫项目到村到户的监督主体。八是广泛采纳部门建议。积极邀请各部门对近年的扶贫项目进行监督检查，多渠道查找工作中存在的问题，多方位分析致贫原因，集思广益，接受意见和建议。九是广泛接受行风监督。聘请行风政风监督员，对扶贫开发工作进行体制外的监督，征求干部群众对扶贫开发工作的意见和建议。十是广泛宣传接受社会监督。通过广泛宣传，动员全社会参与到扶贫工作中来，特别是利用“扶贫日”进行重点宣传，让社会对扶贫工作进行监督。

3. 创新机制，开展“造血式”扶贫

一是金融助推扶贫模式。借助自治区扶贫项目管理改革的契机，利用扶贫资金助推产业发展。一方面，敖汉旗通过“五六七”工作方法确定贷款发放对象，采取“2联1”“3联2”的工作方法，即2户贫困户联1户非贫困户或3户贫困户联2户非贫困户，结成联保小组进行互相担保。通过结对联保，以金融扶贫为纽带，形成穷联富、富带穷、大户带小户的帮扶链条，不但解决了贫困户贷款难、贷款额度小、种养技术落后等问题，也有力助推了产业发展。另一方面，按照“三到资金强基础，金融资金扶产业”的思路，用每年向贫困村投入的45万元“三到”资金，为贫困户建设种养业基础设施，用金融扶贫资金扶持每个贫困嘎查村发展1—2个主导产业，使“三到”资金和金融扶贫资金充分发挥效益，实现了优势互补。

二是合作互助扶贫模式。鉴于贫困户每家经营的土地有限，即使得到扶贫资金支持，也难以形成规模效益，脱贫致富步伐较慢的实际情况，利用“支部+合作社+基地+农户”的方式，组织贫困户以土地和农机具入股的方式加入合作社，按照“统一标准、统一管理、统一销售、利益共享、风险共担”的原则，使贫困户在得到土地分红的基础上，解放劳动力从事其他产业，进一步扩大了增收渠道。

三是收缩转移扶贫模式。对自然条件恶劣、生产基础薄弱、发展后劲不足的贫困地区，采取“无土安置”的模式，将贫困人口迁入产业园区周边，对迁出区的土地引导进行土地流转，将宅基地复垦，置换的建设用地指标用于城镇建设，加强迁入区的教育、医疗、卫生、养老等公共服务设施建设，解决了收缩转移人口的就业与居住问题，真正实现了“迁得出、稳得住、能致富”的目标。近年来，共移民搬迁20个村、1115户、4691人。

四是企业嫁接扶贫模式。坚持“企业发展、农民受益”的思路，鼓励旗内企业利用自身产业优势，带动贫困人口增收致富。企业与养殖户嫁接主要体现在三方面：第一方面是技术嫁接，企业为养殖户提供全程技术指导，降低了养殖户的养殖风险；第二方面是资金嫁接，企业为养殖户反担保，扩大了饲养规模，增加了养殖效益；第三方面是市场嫁接，企业按保护价回收，养殖户收入更有保障。

五是产业引领扶贫模式。利用联合国环境规划署、粮农组织授予的“全球500佳”“全球重要农业文化遗产”荣誉称号及“敖汉小米”“敖汉荞麦”国家地理标志品牌优势突出主导产业引领。种植业方面大力发展绿色杂粮产业，2015年，全旗杂粮杂豆种植面积达124万亩，其中谷子种植面积85万亩；养殖业方面采取“小规模、大群体”模式，形成了肉牛、肉羊、生猪、蛋鸡四大主导产业和肉鹅、肉驴两个特色产业，畜牧业占一产比重达65%以上，品种改良率达96%。同时，强化龙头企业带动作用，培育和引进了中敖集团、大鸟鹅业等13家扶贫龙头企业，实现了每个主导产业都有龙头企业带动。利用龙头企业技术成熟、市场稳定的特性，建设农畜产品基地、延伸产业链条，让农牧户成为产业链条中的重要一环，加快了产业化、标准化生产建设步伐，提高了农牧业生产能力和农民进入市场的组织化程度，形成了旗有龙头企业、乡有种养基地、村有发展项目、户有增收产业的格局。

六是医疗救助扶贫模式。通过对贫困家庭实施签约服务、加大新农合政策向贫困人口倾斜力度、大病扶贫爱心基金救助、集聚卫生计生项目资金重点向贫困人口使用等多项精准健康扶贫措施，努力使贫困群众不生病、少生病，防止因病致贫、因病返贫，有效提升全旗贫困人口健康保障水平。

4. 加快信息化建设步伐

敖汉旗将信息化作为精准管理扶贫工作的有效手段全力推进，把扶贫数据纳入信息库中科学分析、精细化管理，极大地提高了工作效率和试点工作人员工作能力，提升了项目试点的精准性，增强了项目风险的可控能力，为扶贫工作提供基础信息支撑。

一是保证数据安全，规范档案建设。对各个重点项目建立了全套的档案管理目录、存档办法，对档案的整理、立卷、存档等进行了明确的规定。同时，随着扶贫工作办公信息化建设步伐的日益加快，电子文件在运行管理中出现的安全保管等问题随之出现，直接影响扶贫工作数字记忆保存和电子政务效能发挥。针对以上问题，敖汉旗扶贫办每年度以各股室为单位，对电子档案进行整理、归类、鉴定、清杀病毒并刻录数据备份光盘。年度的数据迁移作业保证了电子数据的连续性、长久性、真实性，避免了因人员的变动而导致数据空档现象的发生。

二是强化系统数据，精准科学管理。在“全国扶贫开发信息系统业务管理子系统”中完成全旗18个乡镇苏木及办事处156个嘎查村2.59万户7.53万人的贫困情况、帮扶措施的信息录入，完成1.23万条脱贫信息的录入，形成了客观、真实的贫困人口建档立卡数据库；完成了全旗12个乡镇19个扶贫互助社“贫困村互助资金管理系统”的建设工作，累计录入388个扶贫互助小组1999户社员的家庭基本情况，共涉及2613笔1091.14万元的借款业务及636.73万元的资金回收业务；同时，“国家扶贫监测系统”等软件为上级扶贫部门提供了真实准确的数据，为科学制定扶贫政策提供了可靠的依据。

三是提升人员素质，加强信息沟通。为实现信息资源的有效流通和共享，敖汉旗扶贫办自行编写了7套教材，其中视频教材1套；组织参加、召开培训会议20次，培训旗乡村扶贫工作人员420人次；开通了“敖汉扶贫”“敖汉三到工作群”即时通信交流平台；构建了扶贫业务、省级领导干部联系敖汉旗的业务公用邮箱。通过多方位的有效沟通，有效地提高了扶贫工作人员的工作效率、学习和创新能力，提升了合作意识，增强了扶贫系统的凝聚力，达到了经验与技术转化成扶贫内部资源的目的，为脱贫攻坚打好了人力资源基础。

案例二　河北肥乡之精准扶贫实践

河北省邯郸市肥乡区辖4镇5乡，265个行政村，面积503平方公里，耕地58万亩，人口41.29万，其中乡村人口34.82万。2012年被河北省政府列为省级扶贫开发重点县，原有贫困人口7.6万人，贫困村87个。截至2015年底，全区剩余贫困村52个，贫困人口24884人（16529户），其中，一般贫困人口10173人（2779户），低保五保14711人（13750户）。

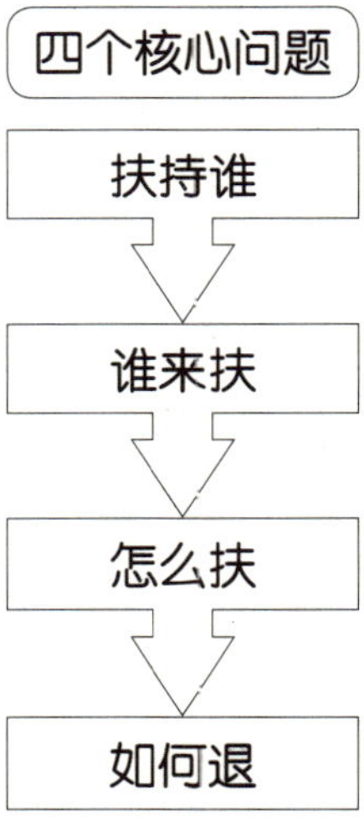

◎精准扶贫关键环节

2016年作为打赢脱贫攻坚战的首战之年，肥乡紧紧围绕“六个精准”“五个一批”要求，紧扣“扶持谁、谁来扶、怎么扶、如何退”关键环节，举全区之力持续推进、创新突破，脱贫攻坚工作取得了良好成效。特别是2016年11月17日至18日，河北省扶贫开发办公室王留根主任到肥乡调研指导贫困退出工作，提出“八个三”的基本思路，对做好贫困退出工作起到了很好的促进作用，肥乡区将基本思路切实融入了实践中。2017年1月初，河北省脱贫成效核查验收组和第三方评估组对肥乡进行了验收评估，给予了充分肯定。肥乡区按计划预计可实现“17914名贫困人口脱贫（原为19074人，省要求回退1160人，因此实际为17914人）、28个贫困村出列、全区脱贫摘帽”目标。

（一）紧扣“扶持谁”，摸准实情、搞好规划，科学制定脱贫攻坚工作的“路线图”和“作战表”

一是深入开展走访调研。2015年底，中央和河北省扶贫开发工作会召开后，肥乡把走访调研、摸透实情作为科学决策的基础。2016年初，利用一个月时间，开展了“走进贫困户、共谋脱贫路”大走访、大调研活动。501名副科级以上领导干部，深入到所有的建档立卡贫困户家中，与贫困群众面对面交流，了解真实贫困现状，听取群众脱贫愿望。共梳理分析出共性致贫原因11个、个性致贫原因522个，并对不符合条件的36户138人进行了剔除处理，按标准和程序识别出38户139人。通过大走访、大调研，进一步摸清了贫困底子、找准了致贫根子，为实施精准帮扶奠定了基础。

二是做实做细档案管理。在走访调研基础上，进一步规范了档案管理工作，所有建档立卡贫困户做到了“一户一档一方案一台账”。即一个贫困户一套档案、一套脱贫方案、一本台账。特别是“台账”制度，是创新实行的对贫困户的记账制度，即对每个贫困户的日常收入和开支随时记录，以此印证贫困户脱贫的轨迹。其中，52个贫困村一般贫困户家庭的收支记账工作由驻村工作组明确一名同志负责，所在村村会计协助；非贫困村一般贫困户家庭的收支记账工作由乡镇扶贫工作站明确专人负责，所在村村会计协助；各乡镇低保户家庭的收支记账工作由乡镇民政助理负责，所在村村会计协助。账本每季度报区扶贫办存档备案。

三是科学制定脱贫规划。以规划为统领，将脱贫攻坚纳入全区经济社会发展的大盘子之中，先后编制了《“十三五”期间脱贫摘帽滚动计划》《“十三五”产业扶贫工作规划》《现代农业示范园区发展规划》《肥乡县家庭手工业发展规划》等一系列规划，指导引领脱贫攻坚有序推进。特别是根据省、市提出的“三年脱贫”和肥乡区2016年实现脱贫出列的目标要求，以及省贫困退出机制实施细则，认真研究制定了三年脱贫计划和年度减贫计划。2016年底，19074名贫困人口稳定脱贫，全区贫困人口降至5654人，全区贫困发生率降至1.62%；28个贫困村脱贫出列，全区贫困村降至24个，贫困村比率降至9.06%，实现全区脱贫出列目标。2017年，4558名贫困人口稳定脱贫，18个重点贫困村脱贫出列。2018年，1095名贫困人口稳定脱贫，6个重点贫困村脱贫出列，实现全区整体脱贫。

（二）立足“谁来扶”，创新机制、加大投入，真正当好脱贫攻坚工作的“发动机”和“助推器”

一是创新组织领导机制。在成立由区委书记、区长任“双组长”的扶贫开发工作领导小组的基础上，结合实际又成立了扶贫开发攻坚推进组，由区政协主席任组长，配备了5名分管工作与扶贫联系相对紧密的副县级干部任副组长，22个相关职能部门、9个乡镇为成员单位，具体负责扶贫开发工作的统一指挥、组织协调、推进落实等各项工作，有力推动了精准扶贫工作扎实开展。

二是创新基层组织管理。2012年以来，在全区推行了以“待遇报酬制度化、经费保障长效化、阵地建设规范化、‘两委’干部专职化、服务群众常态化”为内容的农村基层组织“五化管理”机制，极大调动了农村干部的工作积极性，夯实了党的执政基础，农村党组织的战斗力得到加强，成为推动脱贫攻坚的“坚强堡垒”。5年累计为村干部发放补贴5400余万元，审批党建项目资金3000余万元，帮助贫困群众解决难题1500余个。此做法先后得到时任中央政治局委员、中央书记处书记、中组部部长李源潮，原河北省委常委、纪委书记臧胜业同志的批示肯定。

三是凝聚全社会扶贫合力。重点抓了驻村帮扶、帮扶责任人帮扶、“一对一”结对帮扶和社会扶贫4个方面。第一，驻村帮扶：52个贫困村均派驻了第一书记和驻村工作组，其中市派11个、区派41个，帮扶队员总共156名。尤其需要充分肯定的是，市直工作组人员为肥乡发展作出突出贡献，其发挥的作用远远超过了扶贫工作本身。他们将自己当成了“肥乡人”，将帮扶村当成了自己的“家”，完全融入了当地的工作生活当中，表现出了优良的工作作风；积极争取项目资金，不仅使贫困村的面貌发生了翻天覆地的变化，更重要的是促使农村的生产生活方式发生了较大改观；不仅帮助贫困户实现了产业增收致富，而且使贫困户的精神状态发生了根本改变，实现了“扶贫先扶志”，增强了脱贫致富的内生动力。第二，帮扶责任人帮扶：对所有贫困户全部明确了帮扶责任人，2497名市、区党员干部（其中市直单位320名、区

2177名）与全区16529户贫困户结下了“穷亲”，落实帮扶措施25976项。第三，“一对一”结对帮扶：这是邯郸市的创举，已开展了两轮帮扶工作。2016年，全区774名干部对口帮扶774户一般贫困户家庭，共送去慰问现金13万元，慰问物品价值21万元，帮助解决贷款8.8万元，争取政策性资金18.7万元，帮助发展致富项目120个，解决就业岗位168个，帮助就医90人，助学85人。第四，社会扶贫：涌现出了天台山镇东刘家寨“爱心服务社”、旧店乡“雷锋联盟”、毛演堡乡“滴水基金”等一批团队，在带动社会扶贫方面发挥了不可替代的重要作用。

四是加大资金投入力度。2014—2016年，三年累计投入各类扶贫资金达到了4.7亿元。第一，财政专项资金投入：近三年累计投入财政专项扶贫资金1.33亿元，其中，落实2015年以前省级以上财政专项扶贫资金3201.7万元；2016年，落实省级以上财政专项扶贫资金2556万元，支出2330.7万元，占比91.19%；区级财政专项扶贫资金投入7500万元，其中，区本级年度财政预算资金1500万元、政府债券资金6000万元，区本级财政投入在省级贫困县中力度最大，获得省、市有关领导的充分肯定。第二，整合涉农资金：2016年整合农业、水利、林业、农业开发等涉农资金1.75亿元，占整个涉农资金总数的86.91%。第三，创新投入机制：向兴农乡村建设有限公司融资平台注入财政担保资金1700万元，担保贷款1.7亿元；投入财政扶贫贷款风险担保和利息补贴资金3100万元，担保银行贷款规模3.1亿元，2016年向全区扶贫户发放小额贷款7074万元。第四，引导社会资金投入：引导扶贫龙头企业累计投入资金9178万元。

（三）聚力"怎么扶"，突出重点、专项行动，全力打好脱贫攻坚工作的"组合拳"和"攻坚战"

1. 大力实施产业扶贫

一是探索实行了"康源模式"。以省级重点龙头企业、国家级示范社康源蔬菜公司（合作社）为试点，开展了"先期垫资建棚、优惠提供种苗、全程技术指导、帮助开拓市场"为主要内容的服务，实现了与贫困户联系紧密、与科技联系紧密、与市场联系紧密，走在了全省前列。2016年4月，时任河北省委副书记赵勇对这一做法作出肯定性批示。

二是全省率先实现了一般贫困户股份合作全覆盖。将股份合作模式作为全面深化改革的一项重要内容，召开深改会议认真研究，先后出台了《关于全面推行扶贫股份合作制的实施意见》《扶贫股份合作制实施暂行办法》《扶贫股份合作制监督办法》3个专门文件。具体操作中，抓了4个关键环节：第一，认真筛选企业。采取第三方评估的方式，筛选确定了24家企业与贫困户合作，保证了企业的实力和社会信誉度。第二，统筹规划推进。确立了"政府扶持、园区承载、企业经营、贫困户参与"的推进模式，集中打造了5个精品示范区，总占地7500亩，实现了对一般贫困户的全覆盖；并按照"规模化经营、市场化运作"的管理模式，实现了政府、企业和贫困户"三赢"。第三，切实解决难题。针对银行在贷款方面的一些门槛限制，采取“政府担保、企业承贷”的方式，破解了贷款难题。在贫困户选择入股企业上，由群众自己选择，可以选择一家，也可以选择多家。对有劳动能力的贫困人口，优先安置在入股企业中打工，对没有完全劳动能力的贫困人口，以小时为单位计算打工报酬，最大程度予以照顾。在合同签约期限上，一签三年，合同到期后，群众可以退股，也可以利用自己的扶贫资金和分红资金继续入股，或者利用通过培训学到的技术自主创业，都可以持续增收，从而激发了群众的参与度和依赖度，实现了由“输血”到“造血”的转变。第四，及早防控风险。制定了入股资金的风险防控措施，引入保险公司介入，确保企业和贫困户资产不受损失、收益有保障，为全省提供了借鉴。2016年4月13日至16日，省扶贫办、省农业厅联合调研组专程到肥乡调研股份合作资金风险防控工作。

三是积极推进“一户多品”。对有一技之长的贫困群众，按照“多方投资、多方收益、相互补充、相得益彰”的原则，实行“一户多品”扶持。大力发展特色种养项目，投入直接入户资金4035万元，共扶持贫困户13449户，发展养猪、羊、鸡等30万（头、只），发展林果、蔬菜等特色种植1.6万亩；培育壮大手工业产业，形成了独具特色的传统棉织布、藤椅编织、食品加工等10多个门类，注册品牌22个，带动就业1.5万人，年产值4.5亿元，其中贫困人口就业2231人，人均每月收入1000多元，走出了一条手工小门类发展成为扶贫大产业的路子。

四是探索发展旅游产业。将贫困村索家寨村作为5个美丽乡村旅游节点之一，举办了美丽乡村金秋行活动，索家寨村客流量达2.1万人，空心挂面、沙窝木旋、虎头鞋等乡土产品销售收入达37万元。

五是加快发展现代农业扶贫。建成了省级现代农业园区，重点打造了总面积8000亩的屯庄营现代农业园区。

2. 大力实施电商扶贫

抓住电子商务迅速崛起并入选第二批“全国电子商务进农村综合示范县”的机遇，大力实施“互联网+扶贫”专项行动。全区265个村全部完成了“一村一店”建设，建成淘宝服务站152个，部分村同时建立了村级电子商务服务站、哈牛网农村服务店、京东农村服务店等多个服务平台。全区有16家市级扶贫龙头企业、1136个贫困户参与了网店开设、物流配送等电商相关工作，月均增收1000元以上，走出了一条“电子商务+龙头企业+扶贫开发”的新路子。2016年3月，省委办公厅、省委研究室内刊分别刊登了这一做法，向全省推广学习。

3. 创新推进健康扶贫

全区因病致贫贫困户952户、贫困人口3087人，占全区一般贫困人口总数的30.3%。针对这些群体，出台了三项救助机制，使他们享受到了“家庭医生”式的服务。一是“一免四减”机制。即免收挂号费，减收5%治疗费、减收20%检查费、减收30%手术费、减收50%住院床位费。共设置扶贫病房17间、病床60张，累计开展住院服务75人，减免费用1.4

万元。二是“三帮一”机制。采取乡村医生包户、乡镇卫生院医生包村、区直医疗机构包乡的“三帮一”帮扶方式，提供精准医疗服务。三级医师帮扶因病致贫户免费服务84971人次，减免费用84.1万元。三是中医帮扶机制。共开展中医健康知识培训69期，培训人数2803人；为952户因病致贫户每户购买了一套负压抽吸式拔罐器，并开展了仪器使用培训。省政府办公厅、邯郸市委办公厅分别刊登了这一做法。2017年1月4日，全市在肥乡召开现场会，对这一做法进行学习推广。

4. 切实抓好兜底保障扶贫

一是提高低保标准。2016年1月1日起，认真落实了农村低保线和扶贫线“两线合一”政策，调标后全区农村低保保障标准达到每人每年3100元，低保金按季发放。2016年，共发放低保金1899.56万元。二是实行动态管理。2016年6月，开展了低保对象重新申报认定工作，全区低保总数由原来的12521户13465人，核定为现在的6470户12300人，新认定1259户2367人，其中新增一般贫困人口887人，实现了“应保尽保、应退尽退、按户施保、精准兜底”目标。这一做法得到了上级认可，肥乡区代表在全省社会救助精准兜底工作会议上和全省低保核查认定培训会上两次作了典型发言。三是抓好养老救助。肥乡是全国农村互助幸福院的首创地，是“全国养老服务示范单位”。肥乡充分发挥这一有效载体，努力让全区农村老人得到更好的服务。2016年，选择了30家互助幸福院，开展医养结合试点工作。村卫生室医生每天为入住幸福院的老人提供“测血压、量体温、问诊、医嘱、建档”“五个一”基本医疗服务，保障老年人身心健康。

5. 全面推进基础设施建设扶贫

2016年，累计投入资金3.73亿元，全面推进贫困村的路、电、水、讯、房、广场、卫生室、文化设施等基础设施建设。道路建设方面，硬化贫困村主要街道、小街巷、出村路和产业园区道路258公里，实现了贫困村道路硬化全覆盖。水电设施方面，为贫困村和扶贫产业园区新打机井33眼，埋设地下防渗管道30公里，建设机井房5个，新增变压器41台，新增电路68.4公里。公共设施方面，新建改建教学楼117个项目11.4万平方米，31个村新建了文化广场，配套体育活动器材211件，配套医疗设备价值40万元，安装路灯3750盏。危房改造方面，对全区所有建档立卡贫困户进行了摸底调查，改造贫困户危房98户。美丽乡村建设方面，有14个贫困村列入美丽乡村，其中索家寨村、南赵村、申营、梁庄4个村顺利通过了省美丽乡村验收，许多群众感慨一些贫困村的变化甚至超过了一般村庄，对扶贫工作成效十分满意。生态建设方面，全区直接用于生态建设和补偿类资金为1046万元，其中直接用于贫困村的生态建设和补偿类资金239万元，占比22.86%，生态资金直接拨付到贫困地区、贫困户，全区共涉及贫困村30个、贫困户642户、贫困人口1397人。

6. 着力抓好教育扶贫

基础教育方面，学前三年毛入学率为93.6%，义务教育巩固率为99.3%，高中阶段毛入学率为93.2%。公共财政安排的基础教育经费投入为4.61亿元，全区人均基础教育投入为

1100元。全区2016年春秋两季落实符合“三免一助”政策的学生14215人次，财政投入“三免一助”资金915万元，“三免一助”政策落实率100%。认真落实“雨露计划”政策，对80名贫困学生每人资助3000元。2016年在教育方面的投入为历年最多，并通过了国家义务教育发展基本均衡县验收。职业教育方面，全区职业教育完成拨付投入4425万元，人均职业教育投入106元。2016年财政教育附加总投入是1461万元，财政拨付职业教育教育费附加438.3万元，教育费附加用于职业教育比例为30%；区职教中心共有编制95人，其中兼职教师15人，兼职教师所占编制员额比例15%。财政按要求保证了兼职教师的工资，2016年拨付52.5万元。同时，正在推进总投资1.3亿元、占地约157.5亩的职教中心搬迁工程，2017年8月底开工建设，预计2018年9月竣工投入使用。

7. 促进创业就业扶贫

2016年，全区有劳动能力和就业意愿的贫困人口为3539人，有2938人已经稳定就业，稳定就业率为83%。对591名贫困人员进行了技能培训，协调企业、用人单位优先录用有劳动能力的贫困人员260人，劳务输出贫困人员320人；通过租金补贴、小额贷款等政策扶持返乡创业贫困农民工367人；开展了新增长劳动力转移培训活动，共培训“两后生”277名。

（四）围绕“如何退”，严格标准、严格程序，保证脱贫攻坚的“稳定性”和“真效果”

根据2016年度退出目标，严格对照省贫困退出机制实施细则中提出的区11项、村10项、户7项共28项相关指标，集中开展了贫困退出模拟验收工作。特别是结合记账制度，对每个贫困户一年来的收支情况进行统计汇总，核算出每户的农民人均纯收入这个主要指标。同时，对照“九个不能退”要求，对贫困户的安全饮用水、义务教育、基本医疗、住房安全等情况进行逐项核实，确保真脱贫。

自2016年10月中旬启动贫困人口退出工作以来，按照村评议、乡镇审核、区审定的程序，于11月20日完成了19074名贫困人口的退出验收。组织有关部门和乡镇开展了贫困村脱贫情况评估，对拟退出贫困村初选名单在乡镇进行了公示，并对照贫困县退出标准进行自我评估。11月24日、25日，省贫困退出督查组到肥乡区督查指导工作，对肥乡区贫困退出工作给予充分肯定。目前，全区贫困退出各项工作已全面完成，贫困县、贫困村和贫困人口各项退出指标均达到了年度工作目标要求。

（五）面临的问题和应对之策

虽然脱贫攻坚工作取得了比较显著的成绩，但在具体工作中，仍存在一些问题和不足。一是村与村之间进展不够平衡。虽然52个贫困村的基础设施都得到了较大改善，但村与村之间仍存在一些差别。比如，被列入美丽乡村的贫困村，基础设施、产业发展都相对更好；而少数稍偏远的村，基础设施相对薄弱，产业发展相对稍慢，群众的认同感还有差距。二是保险公司介入程度差。保险与扶贫结合不够紧密，保险产品单一。平原农业地区，贫困群众亟须的是价格指数、天气指数方面的保险产品，而保险公司在这方面没有相应的保险产品。推出的产品不符合扶贫需求，且保费过高。三是金融扶贫力度有待加强。主要表现在积极参与扶贫的金融机构偏少，实力也差，目前全区只有农村信用联社和邮政储蓄两家银行。四是贫困村内还存在扶贫死角。有的村容村貌虽然整治得较好，但庭院、室内卫生环境差，在向“美丽庭院”拓展延伸方面抓得不够。五是产业扶贫与园区结合上不均衡。总体讲，2016年在农业园区建设方向实现了突破，建成了省级现代农业园区，但产业支撑不足。下一步要以创建国家级现代农业园区为目标，与精准扶贫结合，进一步加大投入，培育良好产业。

面对以上问题，需要进一步开拓思路，迎接挑战。按照全区3年脱贫规划，2017年要实现4558名贫困人口稳定脱贫，18个重点贫困村脱贫出列；2018年1095名贫困人口稳定脱贫，6个重点贫困村脱贫出列，实现全区整体脱贫。围绕这一目标，2017年工作思路是：以24个贫困村和扶贫产业园区为主战场，以促进贫困群众稳定增收为核心，以发展扶贫产业为主攻方向，以完善社保兜底为保障，以改善生产生活条件为着力点，以扶贫领域供给侧结构性改革为动力，组织实施脱贫攻坚重大工程，完善稳定脱贫长效机制，提高脱贫攻坚精准度和贫困群众的认可度、满意度。

一是加大领导力度。以换届为契机，进一步调整充实了精准扶贫推进组领导力量，由区人大主任担任推进组组长，6

名相关区领导任副组长，全力以赴推进脱贫攻坚工作。

二是统筹整合资源。加大农村整体工作推进力度，把扶贫开发工作同现代农业园区建设、产业结构调整、美丽乡村建设、乡域经济发展、市场主体培育、电商产业发展等相结合，多位一体统筹推进，实现一、二、三产业融合发展，最大程度放大扶贫开发效应。

三是强化资金保障。落实好省以上财政专项扶贫资金，区级财政再投入1000万元专项扶贫资金。整合2017年度涉农资金，资金整合率要达到100%。发挥金融扶贫重要作用，2017年金融扶贫贷款额度要达到1个亿以上。

四是突出工作重点。打好基础设施硬仗：对24个贫困村和基础设施相对薄弱的出列村实施基本基础设施建设，改变贫困村村与村之间的不平衡状况；对列入美丽乡村建设的贫困村和扶贫产业园区，在项目和资金方面大力倾斜，全面提高整体水平和发展层次。打好产业就业扶贫硬仗：对2016年建成的5个精品示范区，要在扩大规模、提升形象、规范管理上作文章，在延伸产业链、强化示范带动作用上用真功。全区扶贫产业精品示范区的规模要达到5000亩以上。每个乡镇都要有一个特色产业园区，面积达500亩以上。推进电商扶贫上台阶。推行“电商+合作社+贫困户+产业”的新模式，使电商与扶贫实现深度融合；探索“一店带一村”模式，建立农特产品网销体系。

案例三　重庆秀山之电商产业扶贫

国务院扶贫办在“十三五”脱贫攻坚规划中，提出了包括电商扶贫工程在内的10项精准扶贫工程。其中电商扶贫正是精准扶贫、精准脱贫工作的重要突破口。

（一）基本情况

秀山地处武陵山区腹地、渝鄂湘黔四省（市）接合部，建县于1736年，1983年成立土家族苗族自治县，幅员面积2462平方公里，辖24个乡镇、3个街道，总人口66万。作为武陵山连片扶贫开发片区的国贫县，秀山素有“老少边穷”之称，交通闭塞，产品要素交换和对外开放程度低，物流成本高，工业品下乡受阻、农产品进城困难，2012年被确立为国家级精准扶贫攻坚的主战场。

为了尽快走出积贫积弱的困境，秀山在限时打赢脱贫攻坚战中创新思路，紧紧抓住“互联网+”这一发展机遇，把“互联网+三农”作为发展地区经济和精准脱贫、致富增收的一项战略性举措，着力实现“产品变商品”。如今，秀山把电子商务作为新兴产业和县域经济发展的重要支柱，以“武陵生活馆”电商体验店为载体，以www.yz950.com为数字平台，在健全电子商务产业链、生态圈、加快农村信息化建设等方面作了积极探索，特别是结合新型农村产业发展、农村公共服务和消费需要，在解决农村产品流通、推进电子商务进农村等难题方面积累了成功经验，给农业发展、农民增收注入了新的活力，形成了符合秀山特色的“电商扶贫”新路子。

2016年，全县电商交易额、网络零售额、农产品电商销售额分别实现68.6亿元、12.4亿元、5.6亿元。2017年，计划新增上线特色农产品500个，民族风情时尚商品1000款，引导300家传统生产企业“触电”经营，网络店铺达到1000家，全县电子商务销售额实现20亿元。仅一季度，电商交易额、网络零售额、农产品电商销售额这三项指标同比分别增长33%、52%、65%，农产品附加值提升30%—50%，惠及全县1万余贫困户稳定脱贫。如今已经圆满完成了脱贫摘帽的精准扶贫攻坚目标。

（二）主要做法

1. 通过产业扶贫推进农业电商新应用，构建多种电商企业的“开放之路”，缩短农副土特产品的“进城之路”

一是依托贵州农业云“大数据+现代山地特色高效农业+旅游业”等平台，秀山按照“一县一业、一乡一特、一村一品、一户一策”的思路，鼓励进行绿色、有机、无公害、地理标志、著名和驰名商标认证，引导贫困地区、贫困户与种养大户、生产基地、农业示范园区、农产品加工企业、龙头物流企业以及电商企业进行组合，开展订单式生产，形成一批有品质、有价值、有声誉、有市场的电商扶贫特色优质农产品。

二是通过推进“四在农家·美丽乡村”基础设施建设六

项行动计划向乡村延伸，实现宽带、4G通信、广电等信息化设施“进村入户”，建立投入、补偿、共享等机制推进农村宽带网络提速降费，提高物流配送能力，完善物流服务网络，形成智慧流通基础设施，实现城乡信息化等公共服务的普遍化、均等化。

三是利用“农村青年电商培育工程”“快递向西、向下服务拓展工程”“电商扶贫工程”“巾帼电商创业行动”“电子商务进农村综合示范工程”及供销综合电商服务平台等，支持本土电商平台做大做强，推进阿里巴巴“千县万村”、京东“千县燎原”、苏宁“农村电商”计划落地，支持利用第三方电商平台搭建区域性电商服务平台。

四是创新“网店+微商+O2O”等模式，推动“三品一标”“农特优新”等上网销售。鼓励发展乡村旅游、休闲农业等体验式电子商务，争创“百县千乡万村”一、二、三产业发展试点示范。鼓励开展线上线下合一的批发零售交易，推动商品交易市场利用互联网创新，支持依托“万村千乡”农家店、供销网点、邮政快递网点、村级信息服务站等开展生鲜农产品进社区和网上商品批发配送服务。

2. 通过创业扶贫培育农村电商新主体，让贫困户搭上电商快车，步入脱贫攻坚的“富农之路”

一是整合政府、社团、高校、龙头企业等资源，坚持农村电商人才应该“下地弯得了腰，上桌能玩鼠标”的理念，发挥好“春潮行动”“雨露计划”“阳光工程”和贵州省电商职业学院、电商示范基地（企业）等的作用，实现电商扶贫管理人员和从业人员培训全覆盖，开展产业发展、网上开店、维护运营、物流服务等全过程教育培训，为贫困村配备电商应用人才和信息员，为建档立卡贫困户提供按需培训、上门服务。

二是重点解决进村入户“最后一公里”问题，建立了电子商务快递分发中心，先后引导入驻以顺丰为代表的品牌快递物流企业，开通秀山至重庆市内酉阳、黔江和贵州省德江、沿河等地物流专线，在周边区县建成武陵生活馆分发中心站（点），整合物流企业、生产企业、批发企业为电商企业提供强劲的物流保障。同时还在全市率先引进阿里巴巴农村淘宝项目，构建了一条以农村淘宝服务站和村“邮乐购”服务站为主的独具特色的乡村配送体系，组建首家农村专业快递公司云智速递，实现秀山周边区县当日送达、城区24小时收发、快递包裹1天内从分拨中心进村入户，快递进村月均5万件次以上。

三是依托各级电商示范企业、产业园、创业园、孵化园、创客中心，优化提升县乡村电商服务中心电商孵化功能，支持培育农村电商服务企业，建立电商运营服务网络（中心），为网店开设运营提供政策扶持、专业指导和配套服务。鼓励电商协会、科研院所、龙头企业等加强合作，开展电商企业孵化、服务外包、人才培训、技术支持等综合服务。

四是引导大学生村官、第一书记、返乡大学生、种养大户开设网店，形成“一店一村、一店一品”为主的长效增收机制，带动农民创业就业。鼓励社会资源参与构建农村购物网络平台，吸引农民工返乡创业就业，结合“三变”改革让贫困农民在分享农业全产业链和价值链中增加收益。

五是鼓励社会资本参与农村电商发展，各级财政资金给予农村电商示范项目重点支持，电商基金、农村金融机构等加大对涉农电商项目提供信贷支持。综合运用场地免租、设备减租、网络优惠、培训免费、用地支持、税收减免、物流补贴、创业贴息等政策，提供低成本的网络创业途径。

3. 通过服务扶贫形成农村服务新体系，探索解决三农问题的“惠农之路”

一是建立“综合服务点+企业+网店+物流快递”模式，打通农产品进城的“最初一公里”和工业品下乡的“最后一公里”，促进黔货出山和网货下乡，形成线上线下融合、覆盖全程、综合配套、安全高效、便捷实惠的现代农村商品流通和服务网络，降低农民生产资料和生活资料的采购和消费成本。

二是依托农村电商平台和乡村办站所服务点提供生产资料购买、测土配方施肥、病虫害防治等服务，支持电商综合服务中心与农资企业和研究机构协作，将农资研发、生产、销售与指导农业生产相结合，建立技术指导服务体系，打造现代高效农业技术推广应用生态链，为农民增产增收提供信息技术支持。

三是鼓励邮政储蓄银行、农村信用社、农村商业银行等金融机构和第三方支付机构充分利用新技术、新工具开展普惠金融服务，线上线下相融合，推动农村电子支付普及应用，通过在线支付、众筹、互联网信贷等模式帮助农民完成消费、借贷、理财等业务。

四是鼓励各级代办中心、金融机构、社会机构和公共服务机构重心下移，增强农村电商综合服务功能，集网络购物充值、票务税费、农产品销售、信贷取现、家电维修、养老家政、医疗卫生、土地流转、办证办事等功能为一体，将公共服务的触角延伸至千家万户。

（三）主要成效和经验借鉴

农村电商作为新型业态已然渗透到农业产业链全过程，成为推动农业升级的新方式、助推农村发展的新途径、促进农民增收致富的新举措，是精准扶贫的重要载体。近年来，秀山竭力推进全国电子商务进农村综合示范工作，按照“线上村头，线下武陵生活馆”的发展思路，打造电商产业园，扎根农村，服务“三农”，有效解决了工业品下乡“最后一公里”和农产品进城“最初一公里”问题，初步形成独具秀山特色的“互联网+三农”农村电商发展模式，创新构建了物流快递、人才培养、农产品上行、电商平台和电商服务“五大体系”，不断打破农村电商物流不畅、人才缺乏、农产品开发不足、公共服务缺失等瓶颈，给予了农民致富增收的“利器”，电商扶贫的效果和价值正逐步显现。

1. 电商平台体系建设使线上线下融为一体，扎牢了脱贫致富根基

按照“县城建核、乡村布点、网络拓展”的融合发展思

路，秀山率先打牢产业发展基础，投用了功能齐全的电商产业园，建成了遍布农村的“武陵生活馆”，自主研发了新一代农村电商平台“村头”，实现城乡有效互动。

一是县城建核，即立足功能完善的物流园区，按照“园中园”的思路以及“一园一馆六中心”的布局，建设电商产业园，迅速集聚电商资源。电商孵化园1万平方米的办公场所里，现有各类电商企业180家、网店520个，电商年销售额近10亿元；武陵山农淘特色馆汇集10大类2600余种农特产品，成为入园企业集采集供中心；物流园区党群服务中心为入园企业提供一站式服务；农村淘宝秀山服务中心是农村淘宝在重庆市首个落地项目；7万平方米的电商仓储中心具备低温、常温等仓储条件；电商分发中心整合81家物流快递企业入驻；电商加工中心建成投用一批电商产品加工线；农产品检测检疫中心为农产品质量安全提供政府背书保证。

二是乡村布点，即在县内建成了233家武陵生活馆乡村服务店，优先覆盖85个贫困村，构建了覆盖县域的电商物流网络。每个乡村服务店集成了网络代购、快递收发、特产收购、金融业务、农村政务和乡村便利店“六大功能”，店主发挥着农产品经纪人、快递员、网络代购员、农村金融业务员、便民服务员、售票员、政务员和超市老板“八大员”作用，彻底改变了农村的交易方式和消费环境，实现“小空间、大服务，百姓办事不出村”。

三是网络拓展。在发挥好天猫、淘宝、京东等第三方平台的基础上，自主研发农村电商平台“村头”，利用物联网、移动视频传输等专利技术和自主知识产权，为农产品溯源、物流追踪、信誉保障、民宿旅游、扶贫慈善等提供技术支撑，实现可视化实景交易。秀山已与全国50家科技信息企业、13家营销界翘楚建立战略合作关系，吸引全国各地33个县域、700个村级店加盟。

2. 物流快递平台建设实现了城乡互联互通，解决了工业品进村“最后一公里”和农产品进城“最初一公里”难题

通过整合资源，秀山鼓励市场化运作，构建了农产品进城、工业品下乡双向物流体系，形成了城乡配送、区域分拨、全国直达三级物流网络，其更短的时效、更低的成本，获评2016年中国电商物流优秀案例。一是打通“神经末梢”。组建专注于农村配送的云智速递，投用电商分发中心，将全县规划为4个片区15条乡村物流线路，无缝对接社会快递和乡村网点，构建“T+1”“1+T”双向物流体系，即实现到达秀山的快递包裹经云智速递1天内进村入户，农产品1天内经武陵生活馆收购进城，解决了工业品下乡“最后一公里”、农产品进城“最初一公里”两个难题，快递成本节约近50%。二是发展“区域分拨”。建设日均处理5万单、峰值20万单的食品电商云仓，引进自动打包、自动分拣系统，实现仓储管理、订单处理与快递分拨等功能无缝对接，有效服务武陵山区周边区县。投用中通、申通、安能、云智等快递分拨中心，建成周边区县配送站近230个；开通了秀山至周边17个区县的武陵物流专线。三是畅通“主线干道”。投用货运调度中心，运行“武陵物流云”信息系统，发展会员2600

多名，整合社会车辆4000多辆、社会物流快递企业81家，每月匹配物流供需信息1.2万条，开通秀山至长沙、广州等近10条快递专线，与17条武陵物流专线、200余个二级配送站一起，将周边区县快递包裹集中发送、分拨配送。

3. 农产品上行机制让源头好货秒变电商爆款，巩固了电商务实创新的贸易渠道

为了让沉睡大山的农特产品通过电子商务“走出”山区，秀山构建了农产品“产研加销”一体化上行产业链，实现“一链五有”、环环相扣，让农产品不仅卖得出，还能卖上价。一是有产业基地。按照“一村一品”产品布局，制定推广秀山土鸡、茶叶等农产品标准生产体系。目前已认证特色农产品电商基地108种、供应站点3650个，将千家万户农户打造成网货供应基地。二是有质量体系。按照“一农户一二维码”标识，构建农产品质量安全二维码追溯体系，同时实行政府背书保证，打造农产品质量“双放心工程”。三是有公共品牌。创建以农产品为主的“武陵遗风”、以手工艺品为主的“边城故事”两大自主品牌，上线本土特色商品650余款。“武陵遗风”土鸡、秦橙、猕猴桃等7个系列14种产品打入港澳市场；“边城故事”苗绣饰品、竹编工艺等通过跨境电商走出国门。四是有加工中心。投用8.4万平方米电商加工中心，建成投用鲜果、干果、酸辣粉等电商加工线，农产品附加值平均提升30%，电商企业集采成本平均节约20%。五是有流通包装。建成民族网商产品研发中心和流通包装中心，所有上线产品实现精致实用型流通包装，其中土鸡蛋包装技

术获得国家专利。

4. 人才培养体系注重跨界协作，为农村电商提供了可持续的发展动力

扶贫先扶智，秀山建立了政府、学校、社会等多层级多领域培训体系，为农村电商培养了一大批“新农人”。一是建设实训基地。与重庆工商大学等校企合作，建成众创空间和人才实训基地。引进专业电商导师团队，“一对一”进行“传、帮、带”教学，培养具备涵盖营销、策划、设计、客服、仓储、配送等专业技能的电商精英600余名，形成了农村电商的种子团队，构建了“武陵山网商联盟”。二是开展专题培训。云智精英团队组建职业网商“教师团”，利用“流水席”、示范拉动和“保姆式”孵化等方式，深入乡镇（街道）、农村开展全民电商普及培训，完成培训3.2万余人次，云智科贸获评武陵山区首个“中国电子商务人才服务中心”。在干部培训中开设电商扶贫专题培训班，引导领导干部用互联网思维融合实体产业发展，完成培训1000余人次，形成了“言必电商、言必扶贫”良好氛围。组建电商讲师团队和创业导师团队，持续开展电商创业、“六大功能”、淘帮手、跨境电商等系列培训，特训千名电商“村长”，孵化的电商创业者覆盖武陵山区的各个区县。三是开设电商物流专业。依托县职业学校教学资源，开设现代物流、农村电商等相关专业，有针对性地持续培育本土电商人才，输出相关专业人才1200余人。

5. 构建全面系统的电商服务体系，为全方位、一体化的农村电商保驾护航

全方位、一体化服务是电商扶贫稳步推进和协调发展的“定盘星”“润滑剂”。在全方位扶持方面，秀山成立了以县委书记为组长的农村电商发展领导小组，设立每年不少于2000万元的专项资金，从主体培育、技术创新、品牌建设、业务拓展等方面予以扶持。县电商办定期研究解决电商产业发展中遇到的难题。创新“武陵生活馆”产业贷，设立电商物流产业发展基金，低门槛融资、简易程序审批，农户可获最高100万元电商产业贷款，入园企业可获最高300万元贷款。在一体化服务方面，秀山为电商企业提供办公、仓储、金融、快递、培训、行政代办、法律咨询等一站式服务，让企业全程无忧。通过“龙头带动、流程式孵化”，把丁丁、大嘴蛙、盾煌、巴谷鲜、威其诺等食品电商企业，培育成长为西南地区食品电商龙头企业。在促融合发展方面，秀山依托电商孵化园，推动全县100余家生产企业、物流园区逾40%的批发零售商户“触电”经营。同时发起成立了武陵山网商协会、武陵山物流协会，引导企业抱团营销本土农特产品，并连续举办两届武陵山电子商务看样订货会，苗绣、西兰卡普、龙凤花烛等非物质文化遗产和民族手工艺品大放异彩。

6. 秀山电商扶贫模式的成功实践，在一定意义上具有很强的引领示范效应

利用生鲜农产品公益大卖场、农家网络店铺、电商农产品增值三大工程，秀山在网络便捷化、产品特色化、基地标

准化、利益共同化和增值最大化这5个环节不断优化，推出了农产品包销、订单农业、网店增收、民宿旅游、村头慈善、金融扶贫、就业带贫等“套餐”，建立了农产品电商基地28个、挂牌供应站点210个，建成武陵生活馆标准示范店120家（其中贫困村40家），投用电商扶贫工程生鲜农产品公益大卖场，运行农村淘宝服务站49家、邮政“村邮乐购”服务站20个，带动脐橙、藕带等农特产品走俏市场，土鸡蛋等农产品电商增值分成惠及2万余农户。随着产品变商品这一进程的规模化、标准化、品牌化，秀山电商扶贫模式不仅推动了农民思维模式、农村生活方式和农业生产方式的巨大转变，开辟了贫困群众增收致富的新渠道，也创造了贫困地区新的经济增长动力，带动了贫困地区种植业和养殖业的发展，设计、包装、物流和深加工等配套企业的成长，商品市场的活跃以及基础设施和物流体系的重要改善，激发了农业经济活力和农村发展内生动力，真正实现了扶贫脱贫由“输血”变“造血”的可持续发展目标，为打好精准脱贫攻坚战提供了可行、可试、可借鉴的经典示范。

案例四　四川巴州之易地搬迁扶贫

（一）基本情况

巴州区隶属四川省巴中市，地处四川省东北部，大巴山南麓。巴州区幅员面积1407平方公里，属盆北低山区，地势北高南低。巴州区素为川北重镇，交通要冲。自东汉以来为历代州、郡、县治地。1993年7月，巴中地区建立，行署机关驻巴城，巴城成为通（江）、南（江）、巴（州）、平（昌）、恩（阳）三县两区的政治、军事、经济和文化中心。

巴中市巴州区既是省定贫困县（区），又是秦巴山区连片特困地区片区县。中央开展精准扶贫工作以来，巴州区始终坚持锐意创新，以“精准扶贫、精准脱贫”为总体目标，以探索新模式、创造新机制、积累新经验为总体思路，扎实推进扶贫开发综合改革，成效明显。2014年底，巴州区精准识别贫困人口85256人，2015年底贫困人口减为56035人，2016年底贫困人口继续减少为41377人，两年来全区共减贫43879人。

在精准脱贫思路上，易地扶贫搬迁政策是巴州区扶贫攻坚的重要抓手，其中易地扶贫搬迁中的“巴山新居”建设又是巴州区改革探索的亮点。与其他地区易地扶贫搬迁工作不同，巴州区在以“巴山新居”为载体的扶贫开发中，开创了“廉租房建设模式”，这是一项旨在确保特困群众安居乐业的制度创新，该制度始于2014年7月，最初的试点确定在花溪乡新庙村云盘梁“幸福美丽新村”聚居点。

（二）主要做法

四川省巴中市巴州区通过多种途径开展脱贫攻坚，主要包括：一是试点小额信贷。对全区所有建档贫困户进行评级授信，开发双免直贷、互助贷、产权贷、巴山致富贷等信贷产品，发放小额贷款1254笔5209余万元，区财政每年按照新增贷款余额的7%的比例建立风险补偿金，补偿贫困户不良贷款损失。二是落实“雨露计划”。出台《生源地助学贴息贷款管理暂行办法》《两后生职业教育培训项目资金管理办法》，与信用社、国家开发银行合作，实施贫困学生生源地助学贷款。全区共发放助学贷款1240多万元，帮助1200多名贫困学生实现梦想。开展劳动力转移培训5万余人次，帮助1.5万人创业就业。建立区乡村三级职业教育补助网络申报及资格审核机制，落实职业教育补助100人、补助资金30万元。三是精准实施易地扶贫搬迁。打好项目整合牌，通过精准识别搬迁对象、精准实施补助政策，启动建设巴山新居聚居点78个，拟用3年时间完成易地扶贫搬迁9946户32441人，同步搬迁5486户19183人。而在精准实施易地扶贫搬迁过程中，巴州区创新探索了“廉租房”项目。

2014年7月，该项目首先在花溪乡新庙村实施，该村辖5个村民小组，261户1024人，2016年有贫困户5户15人。为确保特困群众安居乐业，该村以“巴山新居”为载体，探索农村廉租房建设新模式，在云盘梁“幸福美丽新村”聚居点建成新居144套，按照8%的比例建设廉租房13套，当即入住特困户10户18人。

2016年，巴州区实施易地扶贫搬迁项目147个，改造农村危旧房11542户，完成地质灾害避险搬迁812户。首批36个贫困村顺利退出，14673人如期脱贫，贫困发生率下降3个百分点。

（三）扶贫廉租房的制度设计

易地扶贫搬迁是脱贫攻坚的重要组成部分，是解决“一方水土养不起一方人”的根本举措。扶贫廉租房作为易地扶贫搬迁的一部分，其制度设计融于易地扶贫搬迁的进程中。从巴州区的做法看，该区着力精准识别扶贫搬迁对象、严格政策标准、完善公共服务、夯实产业基础、协调同步搬迁，建立“区级主责、乡村主抓、群众主体”的工作机制；突出建档立卡贫困户搬迁重点，连片统筹规划、精准到村到户实施；整合项目资金、撬动社会资本，实事求是、量力而行，坚决防止因搬迁增加负债、形成新的贫困，确保“搬得出、稳得住、可发展、能致富”。在相应的制度设计中，重点明确了以下三个环节。

一是明确搬迁对象。巴州区的易地扶贫搬迁对象主要包括居住在安全隐患区、资源匮乏区、设施配套艰难区、工程移民区“四区”的建档立卡贫困户。其中，安全隐患区是指洪水淹没区、地质灾害隐患区等地区；资源匮乏区是指严重缺乏耕地、林地、水源，或土地贫瘠、光热条件难以满足基本生活生产需要的地区；设施配套艰难区是指高山、深谷、边远、吊角地带，基础设施施工难度大、建设成本高、基本公共服务配套难、群众生产生活成本过大的地区；工程移民区主要是指大中型水库库区、国家主体功能区中划定的禁止开发地区。

二是明确安置方式。巴州区的易地扶贫坚持集中安置与分散安置相结合，统筹考虑自然资源禀赋、生态环境承载、城镇化进程等因素后进行搬迁安置。其中，集中安置主要包括中心村（聚居点）安置、产业园区配套安置、乡村旅游安置、城镇安置等方式，对于鳏寡孤独、“五保”等建档立卡贫困户，通过建设廉租房、幸福院等方式进行集中安置。分散安置主要包括插花安置、投亲靠友、自主搬迁等方式，允许跨县（区）、跨乡（镇）等搬迁安置，由迁出地兑现落实建房补助资金，迁入地在户籍转移、社会保障、就业培训、公共服务等方面给予支持。

三是规范建设内容及补助标准。在住房建设标准上，巴州区严格执行国家、省、市有关规定，建档立卡贫困户搬迁人均住房面积不超过25平方米、户均生产生活附属设施建设面积不超过30平方米。坚决防止造成住房空置等资源浪费现象发生。对有后续建房需要的，可以采取宅基地预留续建空间等办法，由搬迁对象稳定脱贫后根据自身经济能力决定是否扩建。建档立卡贫困户在未验收销号、稳定脱贫前，不得自主举债扩建。在基础设施建设标准上，按照“保基本”的要求，统筹规划建设路、水、电等基本生产生活设施和教育、卫生、文化等公共服务设施。围绕改善搬迁对象生产生活条件，实施土地整治、高标准农田、小农水、产业道路、退耕还林等基本建设项目。基础设施和公共服务建设补助，对50户以上中心村聚居点按20000元／人的标准进行补助，对20户以上“小组团”聚居点按10000元／人的标准进行补助。新建安置点必须达到“五通五有”（通路、通电、通水、通电视和通信。有1个活动广场、1个购物超市、1个卫生室、1个文化站、1个垃圾收运点）标准。中心村公共服务面积不超过600平方米、“小组团”面积不超过300平方米。在住房补助标准方面，住房补助由新建（购）住房补助和旧房拆除复垦补助两部分组成。住房补助按安置地点、安置方式、户籍人口实行差异化补助。户籍人口数以2015年12月31日止所在地户籍人口为准。在结算方式上，集中安置住房建设成本按不超过1200元／平方米、生产设施用房建设成本按不超过600元／平方米分安置点进行核算。

（四）主要成效

巴州区廉租房建设取得较为显著的成效，各试点乡镇通过不同方式筹集建设资金在易地扶贫搬迁过程中建设了一定数额的廉租房，以确保特困户的住房需求。截至2015年上半年，全区共建成“巴山新居”聚居点136个，入住农户13085户近5.5万人，其中廉租房共180套，入住困难群众700余人。2016年各试点乡镇共建聚居点10处，建成住房500多套，配套廉租房25套。相对于城镇廉租房而言，农村廉租房主要针对的是农村居民中居住条件恶劣且无力建房、无房可住的特困群体，由政府整合涉农涉贫涉残等项目资金承建，或者整合集体闲置房产，划定相应的入住条件，符合条件的入住者无偿或象征性按月缴纳一定租金即可入住。巴州区农村廉租房的制度探索取得了突出成效，主要包括5个方面，即“建得起”“住得进”“退得出”“留得住”和“形得成”，具体阐述如下。

一是整合涉农建设资金，保障廉租房“建得起”。将危房改造财政补助资金、农村扶贫资金、新村基础设施建设项目资金、土地增减挂钩兑换资金“打捆”使用，通过市场融资、撬动社会捐助等，破解廉租房建设资金短缺难题，在“巴山新居”聚居点按5%—8%比例统一规划建设40—80平方米小户型廉租房。

二是健全管理机制，保证贫困群众“住得进”。探索“3344”农村廉租房新模式，即“新建、租赁或购买已建住房以及改造农村闲置房”3种建设模式，“统一规划、统一筹资、统一建设”的3种实施办法，确保廉租房建得起；“个人申请、民主评议、摇号配租、张榜公示”4个步骤，确保廉租房分得均；如出现“回购或新建、改变用途、转租转借、无合理原因连续6个月未住”4种情况，贫困户必须退出廉租房。

三是实施动态管理，确保廉租房“退得出”。贫困户在入住廉租房前须与村委会签订协议，入住户严格遵守协议所有规定，按时按量缴纳租金（租金按每月每平方米0.5元计算，孤儿及五保户免费居住）。根据廉租房协议中的准入和退出机制，特困群众入住廉租房资格实行一年一审查，如入住群众经济状况好转，不符合入住条件的按时退出，所退出的廉租房放入下年重新民主分配，确保廉租房“退得出”。

四是多措施保障增收，促使贫困群众“留得住”。采取政府托底、解决就业、精准帮扶等措施，为入住廉租房的困难群众解决基本生活、就医等问题，让有一定劳动能力的困难群众从事新村物业管理等公益性服务工作，或推荐到就近园区务工，或通过提供种苗、技术、资金等扶持，帮其制定切实可行的脱贫规划，发展产业增收。

五是创新治理方式，保障良好风气“形得成”。抓住新农民教育、法治巴州建设、创建文明卫生城市等有利契机，通过村规民约加强培训与教育，潜移默化改陈规陋习，养成好习惯，形成好风气。

（五）扶贫廉租房的适用条件

巴州区农村廉租房探索作为其扶贫开发综合改革试验的亮点，取得了一定成效。其适用条件有以下几点：

第一，需要发挥政府的主导和保障作用。农村廉租房建设是一个系统工程，需要多个部门、各级政府、村组和农村居民等多个利益主体的协同合作，在此过程中需要政府发挥主导作用，统筹推进工程实施。

第二，确保扶贫廉租房的公共福利属性。农村廉租房是具有福利性质的公共物品，其建设投资大，配套成本高，涉及群众切身利益。因此，扶贫廉租房建设应具备良好的制度环境，从住房的开发、建设至验收、分配都须有明确的管理流程，以此确保真正困难的群众能够入住扶贫廉租房。

第三，充分整合资金，利用土地增减挂钩政策机遇。从巴州区扶贫廉租房的建设情况看，充足的资金是建设廉租房的关键。巴州区在廉租房建设中将危房改造财政补助资金、农村扶贫资金、新村基础设施建设项目资金、增减挂钩兑换资金“打捆”，充分利用了各项政策资金，同时抓住“巴山新居”与成都天府新区建设用地指标增减挂钩、省内调剂的政策契机，充分发挥政策优势，整合了易地扶贫搬迁所需的资金。

（六）经验借鉴

巴州廉租房建设的探索对解决特困群众的安居问题发挥了积极作用，为扶贫攻坚探索了可行路径，为解决贫困问题以及促进农村社区和谐发展提供了经验借鉴，其政策含义主要有以下几点：

第一，廉租房建设与精准扶贫要求的“两不愁，三保障”的扶贫目标相契合，是特困群体政府兜底的一种具体实现形式。在扶贫廉租房的建设分配过程中，应充分利用集聚效应，将廉租房与新居民点建在一起，让特困群体能够更好地享受公共设施和公共服务，更多地发挥社区的帮带作用，利用社会发展合力，为贫困人口找到维持生计的途径。

第二，廉租房建设的内容涵盖了建设、受益对象选择、入住管理、退出以及生计扶持等多个方面，形成了完整的制度体系，其整套制度设计具有前瞻性。扶贫廉租房建设既考虑了对特困群众的扶持，也考虑了收入水平提高之后的退出机制；既考虑了受益期间的保障，也考虑了对自我发展的支持，兼顾了过程公平和结果公平，可供其他地区借鉴推广。

第三，充分利用政策机遇，因地制宜推动扶贫廉租房建设。受地形影响，巴州区村落聚居分散，不同乡镇存在不同的情况，建设廉租房需要因地制宜，合理选择廉租房的建设方式。在建设资金的筹集上，要充分利用现有政策的红利，积极推动资金整合，为脱贫攻坚提供坚实的资金保障。

案例五　贵州黔西南之“战区制”易地搬迁扶贫

（一）基本情况

黔西南布依族苗族自治州位于贵州省西南部，珠江上游，东与黔南州相邻，西与云南省曲靖市接壤，南与广西壮族自治区百色市隔南盘江和红水河相望，北与六盘水市、安顺市毗邻。自治州辖区面积约16804平方公里，境内分布有布依族、苗族、汉族、瑶族、仡佬族、回族等35个民族，少数民族人口占42.47%，是一个多民族聚居的自治州。黔西南州地处黔桂滇三省（区）接合部，素有“西南屏障”和“滇黔锁钥”之称。长期以来，是黔桂滇三省（区）毗邻地区重要的商品集散地和商贸中心。截至2016年，黔西南布依族苗族自治州辖1市7县，常住总人口283.82万人。2016年，全州地区生产总值为929.14亿元，比2015年增长13.3%。

实施易地扶贫搬迁，是党中央、国务院的决策，是省委、省政府引导贫困群众“挪穷窝”“拔穷根”和推动新型工业化、农业现代化、城镇化、信息化、旅游产业化“五化”融合发展的重要举措。自2015年6月18日习近平对贵州扶贫开发工作作出重要指示以及中央、省扶贫开发工作会议相继召开以来，黔西南州各级各部门创新体制机制，主动作为，扎实工作，以“大党建约谈·行动培训”为抓手，通过推行易地扶贫搬迁“战区制”，实现了从“上热下冷”到群众积极参与的转变，从没有方法到想方设法的转变，从没有信心到充满决心的转变，切实推动易地扶贫搬迁取得了实效。截至2016年9月底，全州共完成搬迁协议签订15453户，占年度搬迁任务数的97.24%，有3507户搬迁进新居过上美好生活。

（二）制度设计与主要做法

1. 划区决战，确保领导精准到位

一是划分大战区。围绕搬迁目标任务，将全州划分为“五大战区”，州“四大家”和军分区各负责一个战区。通过战区制，明确时间表、划定责任田、绘制作战图、立下军令状，合理打好易地扶贫搬迁攻坚战。

二是成立指挥部。州级成立脱贫攻坚指挥部统筹调度易地搬迁各项工作，县、乡两级比照设立相应指挥机构。县级组建脱贫攻坚突击团，乡级组建脱贫攻坚冲锋队，村里组建尖刀班。县、乡两级脱贫攻坚指挥部由州脱贫攻坚指挥部统一指挥调度，形成如臂使指的工作指挥体系。

三是发布冲锋令。实施脱贫攻坚“百日攻坚战”，相继发布脱贫攻坚战区一号令、二号令，全力打好精准决战脱贫攻坚的“当头炮”。在落实“一号令”的100天时间里，全州完成“十三五”易地扶贫搬迁规划内搬迁对象52415户222758人的精准识别工作，与2016年计划搬迁的7.8万户群众共商易地扶贫搬迁，与44323人签订搬迁协议，占搬迁户的85%。

2. 主官领战，确保责任精准聚焦

一是主官领衔亲自抓。建立州、县、乡、村四级主官

领战攻坚制度，把脱贫攻坚任务作为“一把手”工程，明确各战区包保州领导、州直单位党委（党组）、各县市、乡镇（街道）党委（党工委）主要负责人是第一责任人，对战区及所辖区域攻坚负总责。完善州领导联系战区乡镇和县领导包村、乡科级领导包组、党员及干部包户“三包”机制，层层签订责任状、立下军令状。

二是党建约谈倒逼抓。实施“一季一考评、一研判、一约谈、一督查、一召回、一推进”，州委主要领导带头，面对面对县、乡、村主要领导进行“党建约谈·行动培训”，现场帮助查找脱贫攻坚中存在的问题，分析原因、制订措施、提出要求、精准落实。

三是前沿一线驻地抓。选优配强镇村组织“一把手”和党建扶贫第一书记，加强乡镇党委书记、村支部书记和农村致富带头人“三支队伍”建设，实施脱贫致富“领头雁”工程。在全州1104个贫困村和有扶贫开发任务的非贫困村，组建由第一书记、村党支部书记、村委会主任及其他村常务干部、各级派驻帮扶干部、乡镇包村干部等8816人组成的党建扶贫“五人小组”，驻守脱贫攻坚最前沿，精准落实各级脱贫攻坚指挥部下达的目标任务。

3. 集团会战，确保力量精准汇聚

一是四方联盟聚力战。统筹用好国家政策资源、定点扶贫资源、对口帮扶资源、社会帮扶资源等各类资源，凝聚全社会力量广泛参与、攻坚克难。由政府牵头，构建政府、群众（搬迁户）、工商联（企业）、社会“四方联盟”，让四方一同共商、共识、共建、共享、共担，实现“四方五共”。

二是军民融合攻坚战。围绕全要素、多领域、高效益军民融合深度发展格局，按照“地方所需、群众所盼、部队所能”的原则，整合军分区、武警、消防、预备役炮兵团以及州直各单位人力、财力、物力资源，组建军民融合脱贫攻坚团，聚合复转退伍军人和民兵中的能人以及一些现役军人的社会关系，在脱贫致富中当先锋、打头阵，发挥部队优势，助力脱贫攻坚。

三是百企帮村协同战。在全州选择100家以上民营企业“一对一”结对包干帮扶100个以上贫困村，通过产业带村、项目兴村、招工帮村、资金扶村等形式，带强一批产业，带动一批项目，带活一批市场，带建一批设施。截至2016年9月底，全州共有32家商会、114家民营企业与166个贫困村签订了结对帮扶协议，发展种植养殖项目41个，扶持贫困户2996户。

四是创业青年激情战。成立“黔西南脱贫攻坚青年创业军”，以青年特别是农村青年为主体，建设州级脱贫攻坚青年创业军创业营地10个，县级营地100余个，招募成立法律援助、金融服务等10支自愿服务队，广泛动员外出务工青年、在家待业青年投身脱贫攻坚战。

4. 群众参战，确保内力精准激发

一是共商定目标。帮扶领导、帮扶单位、镇村工作组、“五人小组”与当地群众召开共商会，找准进攻方向，逐点击破。截至2016年9月底，全州召开扶贫搬迁共商会23.25万场（次），帮助群众清理发展思路88216条，提出发展建议

83327条，解决群众发展困难24430个。

二是共识找路子。在共商基础上，与群众达成一致意见，最大程度得到群众的支持和参与。按照“五个一批”的要求，登门入户收集信息资料，进行宣传动员，引导群众形成脱贫共识，找到适合的致富道路。

三是共建包保责任制。实行包保责任制，建好责任链条，包保干部每周对所包贫困户进行一次记账，包保部门（单位）每月一次汇总，年底作为考核依据，确保人在岗、心在村、事在办。包保责任制实行一定3年不变，不脱贫不脱钩，力图引导搬迁群众转变发展观念、找准脱贫措施、走上致富道路。

5. 挂图督战，确保举措精准落地

一是挂图作战细化任务。州、县、乡村均制定了作战图，明确完成时限，细化了易地扶贫搬迁任务、措施和责任人。各安置点作战图均标注了迁出地和安置地基本情况。迁出地则标注了自然村寨名称、搬迁规模和包保责任人姓名、职务、联系电话和照片。

二是严格督查兑现奖惩。州委州政府领导带头进村入户开展脱贫攻坚暗访工作，深入开展识别程序对不对、扶持对象准不准、脱贫需求清不清、扶贫措施实不实、指标数据全不全、帮扶机制好不好“六看督查”。把目标责任、岗位管理、激励保障、召回约束“四位一体”干部管理机制运用于易地扶贫搬迁全过程，建立健全监督、督查、考评、奖惩“四项机制”，加强过程考评，通过开展纪律约谈等方式进行约束管理。

三是多方联动强化监督。州人大、政协分别组织开展专项调研、专项视察10多次、专题协商6次，及时发现问题和提出解决问题的建议。各民主党派和人民团体也积极组织各自的人大代表和政协委员开展专项调研和视察，以团体的名义提出工作建议。通过民主监督查询系统，将30多个部门的200余项扶贫项目资金百分之百公开，通过2万余名民生特派联络员、信息员对项目资金使用情况实施百分之百的巡查，对群众反映的民生资金项目方面的问题进行百分之百的核查，涉及违纪违法的按相关规定予以严肃处理。

（三）重要价值与经验借鉴

1. 使命光荣、意义重大

易地扶贫搬迁是党中央、国务院的重要决策，也是引导贫困群众“挪穷窝”“拔穷根”“换穷业”和推动新型工业化、农业现代化、城镇化、信息化、旅游产业化“五化”融合发展的重要举措。坚决打赢科学治贫、精准扶贫、有效脱贫这场攻坚战，从根本上解决居住在深山区、石山区、石漠化严重地区等“一方水土养不起一方人”地方的建档立卡贫困人口生存发展问题，是黔西南探索决战脱贫攻坚、决胜同步小康模式的重要意义和价值所在。

将易地扶贫搬迁与新型城镇化、区域经济发展相结合，以易地扶贫搬迁为手段，以改变生存环境和发展条件为主线，以脱贫致富和改善民生为目标，以就业和增收为核心，通过创新安置方式和安置办法“借梯登高”“借船出海”，推进农村人口向县城区转移，目的是要从根本上阻断代际贫困传递，切实解决农村贫困群众脱贫难、致富难、发展难的问题。黔西南未来的发展就是要本着全心全意为人民谋福祉的信念，启动农村和城市两大发动机，打造现代化新型城市群，通过提供更好的基本公共服务，切实改善贫困农民的生存和发展环境，提升他们的幸福感和获得感，加快脱贫致富奔小康的步伐。

2. 目标精准，措施得力

依据“决胜脱贫攻坚，同步全面小康，奋力开创百姓富、生态美的多彩贵州新未来”的奋斗目标，黔西南围绕脱贫攻坚这个核心，以易地搬迁扶贫为突破口，深入实施大扶贫、大数据、大生态三大战略，把“绿色+”融入经济社会发展各方面，激发广大干部群众干事创业内生动力，念好“山字经”，打好特色牌，重实干谋发展，奋力打造民族特色山地经济创新示范区，以山地旅游为引领，大力推进山地高效农业、山地新型工业、山地特色城镇、山地生态文明建设、山地脱贫攻坚。

乡村发展和易地扶贫搬迁的关键是产业和就业，黔西南积极抢抓国家实施易地搬迁扶贫的机遇期、窗口期，一方面踏踏实实地巩固完善提升原有的传统产业，一方面用好用足山地旅游、气候、健康休闲等资源优势以及“一带一路”的前沿优势，加快组建生态产业集团、国际劳务输出集团，向服务、向贸易、向营销、向知识产权、向研发延伸，发展现代服务业等新兴产业，形成传统产业和新兴产业比翼齐飞、共同推进的良好态势。通过两端延展，做足总量，放大效益，针对土地流转实行大招商，打造大品牌，构建规模化、区块化的农业发展格局，不仅可以全面、快速地提升山地高效农业的产出效益，激发乡村发展动力，而且可以解决巨大的就业，实现可持续、国际化的飞跃式发展。

3. 整体设计，系统建设

脱贫攻坚易地搬迁扶贫是一项系统工程，需要长远的整体设计，积极构建全过程精准的政策供给体系，走发展型脱贫道路。黔西南的整体扶贫系统建设分为内生扶贫、搬心扶贫、搬产扶贫、党建扶贫、民生兜底扶贫、科技扶贫、金融扶贫7个子系统工程。在实践中，黔西南以搬产扶贫为重点，把搬迁的过程作为产业培育和发展的过程，与国家的“五个一批”、省里的“六个一批”结合起来，深入调查了解搬迁群众的产业技能、产业发展意愿，加快创建“脱贫攻坚·五个绿色”小镇产业平台，着力打造十大劳动密集型产业链条，以“一池三包”撬动产业扶贫内生动力。与此同时，把内生扶贫、搬心扶贫、搬产扶贫、党建扶贫、民生兜底扶贫、科技扶贫、金融扶贫等要素与要素之间、系统与子系统之间、子系统与子系统之间融合连通，使政策供给体系发挥乘数效应，力争最大限度把政策红利释放到老百姓身上，确保搬得出、稳得住、逐步能致富。

易地扶贫搬迁注重融合式推进，找准搬迁的关联性，把产业、就业、发展的相互关联和节点高度融合起来，搬出产业、搬出文化、搬出精神、搬出发展的新天地。通过大搬迁，对物质非物质文化进行大挖掘、大传承、大弘扬、大抢救，让传统文化变成活的文化，让活的文化变成活的文化产业，让文化产业变成旅游业，变成所有人的就业。通过探索“一寨一小区”“多个小区联建”的安置模式，依托厚重的明朝文化和民国文化、浓郁的布依文化和苗文化，对于整寨搬迁的民族自然村寨，根据迁出村寨特色，不仅可以在搬迁中原装复制，按照原村寨命名，配套相关设施，推进群众性文化开展，确保优秀乡村文化传承，留住乡愁，同时还可以按照“疏老城、改老寨、建景区”的思路，打造历史场景、文化园区，全面提升打造全域山地旅游，确保易地扶贫搬迁、城乡规划符合旅游景区建设要求，建成生态的小镇、绿色的小镇、景观的小镇，最终形成旅游景区和产业园区相互融合的一串串产业链条，让老百姓不仅能就业、搬得出，还能有增收、发展好，真正实现“产城景”融合，为老百姓的产业和就业提供可持续支撑和保障。

4. 创新思路，务实高效

要实施好乡村发展倍增和易地扶贫搬迁，关键就是干部要以创新的思维来谋划工作，需要干部群众在想发展、愿发展、想搬迁、愿搬迁的基础上，跳出固有的思维和习惯，创造性、创新性地开展工作，吃透政策，能懂会干。按照习近平总书记“越是进行脱贫攻坚，越是要加强和改善党的领导。脱贫攻坚战考验着我们的精神状态、干事能力、工作作风，既要运筹帷幄，也要冲锋陷阵”和“把脱贫攻坚实绩作为选拔任用干部的重要依据，在脱贫攻坚第一线考察识别干部，激励各级干部到脱贫攻坚战场上大显身手”的要求，黔西南以大党建为统领，以党建扶贫云、四位一体机制平台激励干部、推动干部，把老百姓的事情办好，把实现人民群众对美好生活的向往作为奋斗目标。

“兄弟同心，其利断金。”黔西南抓住易地扶贫搬迁的重大历史机遇，充分调动干部和群众两个主体的积极性。通过与群众一道苦干、实干加巧干，从最初的摸路、探路发展到方向、目标、路径、方法的逐渐清晰，易地扶贫搬迁模式成功创建了“五大战区”的工作思路和与老百姓共商、共识、共建、共享、共担的工作流程，形成了干部群众共同发力、齐心协力做好易地扶贫搬迁工作的良好局面。同时注重创新工作方式方法，在项目的谋划、安置去向、安置方式确定、项目建设、安置房分配、后续产业发展等方面发挥群众的主体作用，主动引导群众积极参与，并利用广播、报刊、电视、网络等多媒体形式及时宣传易地扶贫搬迁工作新做法、好经验，报道搬迁群众新生活、新风尚，营造全社会关心、支持、参与易地扶贫搬迁工作的良好氛围。正是良好的干群关系和顺畅的民主参与渠道，使黔西南短时间内实现了由“政府动员群众搬迁”向“群众主动申请搬迁”的顺势转变，为赢得老百姓的同步小康和黔西南的未来发展奠定了稳定和谐的发展环境。

5. 制度保障，运力协同

国务院组成部门和地方规章、行政命令以及意见措施等政策文件所搭建的制度框架，包括《中共中央国务院关于打赢脱贫攻坚战的决定》《全国“十三五”易地扶贫搬迁规划》《中共黔西南州委、黔西南州人民政府关于加快推进易地扶贫搬迁工作的指导意见》《黔西南州脱贫攻坚易地扶贫搬迁战区一号令》《黔西南州易地扶贫搬迁政策明白卡》等，特别是地方行政命令和指导意见中就易地扶贫搬迁工作具体原则、范围、内容、步骤、职责、标准、监督和考核等的明确规定，无疑为黔西南“围绕依法治州，着力推进依法治产、依法治城、依法治景”的易地扶贫搬迁实践，提供了切实可行的制度保障。

在实际工作运行中，黔西南坚持州内统筹，打破地域和部门界限，按照“州统筹、县为主”的工作体制以及层层落实、一抓到底和跨部门协同的工作机制，在五级书记（党委、党组、党支部书记）齐抓共管和州发改委、扶贫办、水库和生态移民局、教育局、民宗委等22个部门的通力合作下，形成了持续深入推进易地扶贫搬迁的强大合力。在落实后续扶持政策过程中，黔西南注重试点、试验、示范，抓实“规划、建房、搬迁、就业、保障、配套、退出”等关键环节，周密组织、精心实施，全程负责，做到群众不脱贫、工作不脱钩。不仅坚持边干边总结、科学设计、同步推进，保证政策相互支撑、相互兼容，同时还强化搬迁成效监督考核，推动房地产开发商转型升级，跨界突围，多元发展，确保实现易地扶贫搬迁“搬得出、稳得住、能致富”的长效发展目标，让农民真正想进城、能进城且能过上城里人的好日子。

案例六　福建屏南之金融扶贫模式创新

（一）基本情况

屏南县位于福建省东部地区，属内陆山区县，总面积约1487平方公里，是福建省扶贫、开发工作重点县。全县人口近20万，其中农村人口16万。2015年末，全县建档立卡贫困户2203户7703人，其中国标贫困户5620人，贫困村39个。

屏南县围绕精准扶贫、精准脱贫目标任务，贯彻落实中央、省、市扶贫开发系列部署，先行先试，积极探索扶贫开发有效途径，取得了初步成效，2016年全县脱贫20个贫困村，贫困人口减少到4186人，其中国标贫困户2693人。“昔日屏南又贫又难，今日屏南有点名堂，明日屏南点缀江南。”这句在当地流传的顺口溜，不仅满载全县群众的憧憬和期盼，更蕴含屏南党政班子持之以恒的追求。屏南县采取多种扶贫措施，尤其是创新金融扶贫模式，增强内生动力，有力地推动了该县脱贫攻坚任务逐项落实。在多种措施中，以“小额信贷促进会”为代表的屏南县充分发挥县“小额信贷促进会”和“扶贫小额信贷风险资金池”作用，通过资源叠加打组合拳、多措并举防风险、合作扶贫增实效，做到扶贫小额贷款“贷得快、用得好、能脱贫”，实现有贷款需求贫困户的全覆盖，金融扶贫举措取得了众多创新成果。

（二）“小额信贷促进会”的主要做法

2016年，屏南县整合各类财政资金6300万元，社会帮扶资金4000万元，信贷资金4600万元，助力39个贫困村整村推进扶贫开发工作，开展“雨露计划”培训及技能培训2000多人次，60家经济实体与700户贫困户建立扶贫带动利益联结关系，实施造福工程惠及1726人，落实了“八个一批”（发展生产、就业转移、公益岗位、造福工程、发展教育、医疗救助、政策兜底、社会帮扶）脱贫措施。

1. 创新“网底工程”精准扶贫工作机制

结合建档立卡信息系统数据清洗，整合农业、卫计、教育、人社、民政、残联、扶贫办等部门数据，完善农户信息暨建档立卡平台，建立扶贫大数据共享、发布机制，贫困户筛选、退出机制，建立党员、干部、社会力量挂钩帮扶贫困户的县、乡、村三级联动服务机制，扶贫督导考核机制，发挥扶贫大数据平台在精准识别、精准施策上的精细化、信息化管理。重点对2017年3328位建档立卡贫困对象逐户进行分析，深挖贫困根源，找准症结所在，强化“靶向治疗”，使“扶持谁、谁来扶、怎么扶、如何退”一目了然。

2. 创新完善金融扶贫机制

建立1200万元担保风险金，县小额信贷促进会按照“政府搭台、银行参与、社会管理、市场运作”原则，综合应用“信用评价、风险补偿、农村产权”防范、分散信贷风险，实行推介与担保相结合，构建“县有促进会、乡镇有办事处、村有金融协理员”的农村普惠金融服务网络，设456个村级金融协理员（扶贫协理员），农行等4家金融机构与县小额信贷促进会建立贷款推介担保业务，累计发放小额贷款3.8亿多元。

3. 创新教育扶贫与创业就业联动机制

建立扶贫培训与就业转移协作平台，开展创业辅导及就业推介服务，“雨露计划”培训实行集中培训、现场培训相结合。

4. 建立“政府搭台、社会力量参与扶贫”的工作机制

成立“一会一办八组”（扶贫联席会议，扶贫办，产业扶贫、金融扶贫、造福搬迁扶贫、教育卫生扶贫、山海协作社会扶贫、社会保障兜底、扶贫典型宣传、扶贫督导工作组）大扶贫组织推动机制，建立社会扶贫协作平台，通过“12316”农业热线、微信公众号、数据库等方式，规范相关信息的采集、整理、反馈和发布工作，搭建社会帮扶供求信息平台。

5. 创新“造福搬迁、易地安置”机制

依托县知进公司（国有）建立造福工程易地搬迁投融资平台，建立贫困户中长期贷款管理机制；依托县小额信贷促进会建立造福工程搬迁对象生产性贷款担保机制。

（三）“小额贷款促进会”的运作模式与制度设计

屏南县在脱贫攻坚实践中深化“促进会+担保基金”小额信贷扶贫机制创新，构建以屏南县小额信贷促进会（以下简

称“促进会”）为载体的信贷扶贫体系，探索建立财政资金作为担保资金引导扶贫信贷投放的多种模式，实现了风险可控、成本可控，为做好金融扶贫工作提供了借鉴。

1. 运作模式

促进会是地方政府兴办的公益性社团组织，所实施的“促进会+担保基金”小额信贷扶贫机制是解决农户资金短缺问题的金融扶贫模式。在组织结构上，注册成立县级小额信贷促进会，建立县、乡、村三级金融服务网络，特别是在村级设金融服务中心，由村支书等负责对接农户。促进会的主要业务有两块，即担保贷款和扶贫互助金。担保贷款业务包括农户贷款、林权抵押贷款、创业就业贷款、经营大户合作社贷款。扶贫互助金业务由促进会提供大部分资金，农户以200元/股的股价入股，农户需要发展生产时最多可贷5000元。促进会的成功之处在于自2007年成立以来，没有产生过呆账坏账，风险控制效果好，其原因在于促进会设计了良好的风险防控机制，从贷款、还款等方面规避风险。另外，促进会的机构管理成本也较低，主要得益于促进会不过分注重程序，善于灵活采取非现场调查、“互联网+”等方式，减少了贷款业务的人力、交通等成本。

屏南县小额贷款促进会的运作充分发挥了农村熟人社会的作用。一方面，熟人社会降低了贷款风险，若贷款者逾期不还款，则周围群众都会知晓此事，进而形成舆论压力。另一方面，熟人社会降低了管理成本，村“两委”成员对村民情况熟悉，通过发挥村委成员的作用减少了机构的调查工作量，不需雇佣专业信贷人员。屏南县小额信贷促进会在多年实践的过程中，已形成一套成熟的制度，具有较强的指导意义和推广价值。

2. 制度设计及具体做法

促进会是2007年11月成立的社团法人集团，截至2016年，共发放贷款3.8亿，正在担保的贷款有9200多万，为建档立卡贫困户担保3260万，覆盖816人。促进会的制度设计主要包括风险防控机制、管理机制和担保机制。

——风险防控机制。风险防控机制分为5个方面：一是信用机制。主要通过对农户信息的分析来判断农户的信用等级。考虑到需要贷款的农户通常没有太多实物资产，促进会引入了劳动力资本来评估农户信用，促进会相信农户只要愿意劳动，就能创造价值。二是担保机制。针对正规金融机构难以批准的贷款项目，促进会则根据实际情况对贷款进行担保，如以村干部职务作为担保；另外，林权、土地经营权、农业设施、合作社等资产，虽然具有一定价值，但鉴于正规金融部门规定以及法律限制不能进行贷款操作，而促进会一旦认定贷款主体有诚信、有能力，一般就会给予担保，只是在贷款时，需加入一个自然人作为担保，利用熟人社会的道德约束作用，以防贷款动机不纯等问题的发生。三是风险缓冲机制。一些农户可能在银行贷款到期时，因自然灾害、市场风险等原因，难以偿还贷款，此时促进会会帮助农户“过桥”。贷款农户向促进会借一笔为期10天的互助基金用于偿还银行贷款，避免出现信用问题，随后农户向银行贷第二笔款还给促进会，原有的已投资的贷款会在农户手中继续运作，避免资金链断裂。四是贴息机制。贷款农户在经过风险缓冲机制后，若几年内仍无钱还款，促进会将贴息给贷款农户，由农户将利息还给银行，以保障农户生产经营的可持续。五是风险担保金。促进会以资产水平的10%作为风险担保金，以确保促进会运转发生风险时，入会农户和相关金融机构不会受到过大影响。

——管理机制。促进会的管理方式是以村为基础设立金融服务中心，采用“互联网+”的方式进行管理，主要利用电话、短信、互联网平台等手段来统计、核实农户信息。促进会负责规范审批手续，在后台操作。在开展业务方面，促进会主要采用非现场调查的方法，利用村“两委”平时积累的人脉来了解农户情况。

——担保机制。促进会的运作都下沉在村里，在担保上，他们建立了由5个村民自愿组成的小组，互相担保，同一时期至多4人可贷款。在村民无力偿还贷款时，其他人要为其偿还贷款。该担保机制使得农户贷款时会更加慎重，能防止贷款动机不纯的问题，且可以在贷款出现风险时进行有效规避和分散。此外，促进会还会根据“低门槛、高惩罚”的标准来发放贷款，如果农户不按期偿还贷款，则按照信用卡的方法来计算本金和利息。

（四）主要成效

促进会的担保贷款和扶贫互助金解决了农户贷款难的问

题。精简担保贷款手续降低了农户贷款的难度，截至2016年底，已为建档立卡贫困户担保3260万元，覆盖816人，扶贫取得了初步成效。整体看，信用机制、担保机制、风险缓冲机制等风险防控机制降低了机构风险，10%的风险担保金减少了金融机构、农户在促进会发生风险时可能遭受的损失。非现场调查等管理方法降低了机构管理成本，增加了机构收益。具体看，促进会的贡献还可归纳为以下四点。

1. 金融扶贫实现“五个融合”

一是金融扶贫与社会组织融合，县扶贫办与社团法人屏南县小额信贷促进会合作开展金融扶贫，2016年帮扶贫困户895户，覆盖贫困户40%，户均增收万元以上，实现了扶贫到户与机构可持续发展的“双赢”局面。二是金融扶贫与政策资金融合，整合扶贫专项资金、现代农业发展资金，发挥财政资金的“杠杆”作用，撬动信贷资金，激活贫困户内生发展动力，增强财政资金与信贷资金的叠加效益。三是金融扶贫与创业就业融合，建立园区基地、经济实体，贫困户“三位一体”创业就业扶贫机制，通过安排就业、投资分红、产业增收，促进贫困户脱贫。四是金融扶贫与社会帮扶融合，利用河仁基金会900万产业扶贫资金，撬动信贷资金1000万，财政资金500万，带动300户贫困户发展产业脱贫。五是金融扶贫与风险分散融合，以促进会为载体建立财政风险担保金、自然人信用担保、农村产权担保、劳动力资产、风险互助补偿资金、风险缓释等多种风险分散机制，确保扶贫小额贷款“贷得到、收得回、能脱贫”。

2. 有效增加农户，尤其是建档立卡户的金融可得性

促进会减少了农户申请贷款的手续，降低了农户贷款成本，一方面，可增加农户用于购买生产资料、扩大再生产等活动的农业生产投入；另一方面，农户入股扶贫互助金可进行分红，获得一定利润。

3. 降低机构管理成本

促进会在全县设立统一管理平台，在村里设金融服务中心，由村“两委”成员组成。服务中心的工作人员通过平时积累的人际关系了解村里情况，负责控制风险。促进会负责在后台审批贷款手续，采用非现场调查的方式调查村民情况。促进会通过多种管理方式降低管理成本，增加了机构净利润，因此在贷款利息低于正规金融机构的同时仍能实现可持续发展。

4. 增加集体收入用于公益事业

促进会的利润扣除管理成本、入股分红之后，会将剩余的部分分配给村集体，从而增加集体收入，该部分收入主要用于入股的建档立卡户的公益事业。促进会试点为建档立卡户购买价值300元的商业大病保险，为医疗保险不能报销的部分医药费提供补贴，进一步降低建档立卡户的医疗支出。

（五）“小额贷款促进会”的适用条件

促进会是屏南县金融扶贫实践创新的产物，其实施需要一定的内、外部条件。

1. 机构业务应以小额贷款为主

屏南县多年的实践和统计数据显示，若要10%的风险担保金发挥有效的风险防控作用，促进会应以开展5万元以下的小额贷款为主，5万元以上的贷款占贷款业务的比例不宜超过30%。

2. 机构需要有能力、有责任感的管理人员

促进会的有效运转，离不开对工作有热情、有责任感的机构负责人。负责人要对金融扶贫工作感兴趣、有热情，有奉献精神。

3. 贷款农户的信用意识应达到一定水平

农户较高的信用意识是减少呆账坏账的重要因素，也是有效进行各项审批手续的重要前提。尽管促进会更强调熟人社会的道德约束作用，对信用的理解与城市不同，但若农户对自身信用并不在意，不了解信用的重要性，则容易造成贷款违约，而较高的信用意识则能使得贷款业务得到良性发展。

（六）经验借鉴

促进会是屏南县在金融扶贫实践探索中发展出的带有地方特色的金融扶贫模式，其风险防控和低成本管理机制是值得推广的经验。在未来的扶贫攻坚进程中，要统筹协调，加强组织推动，突出实践创新的关键环节。

1. 突出“到位到责”

地方政府应切实把加快金融扶贫，推进脱贫攻坚作为重

大政治任务来抓，重视民间金融组织的积极作用，进一步明确目标，层层压实责任，强化要素保障，建立扶贫资金整合机制，为促进会的发展创造良好的外部环境。

2. 开展融合扶贫

坚持政府、社会、市场“三位一体”扶贫，促进会即是将三者融为一体的良好载体，未来可考虑发挥促进会在社会保障兜底与产业扶贫、社会扶贫、信贷扶贫融合中的媒介作用，增强扶贫的叠加效益，从而为贫困户脱贫致富提供更多支撑。

3.“政府搭台、多方唱戏”

促进会还推动建立了政府与社会力量合作扶贫模式，扶贫机构搭建扶贫信息共享、监管大数据平台，扶贫项目、资金主要由农民合作组织和专业性民间机构、市场经济实体负责实施。专业化、信息化的信息共享、监管大数据平台，提高了扶贫的精准度、贫困户市场参与度和社会力量扶贫的有效性。社会力量参与扶贫促进贫困户人力资源的转化、市场风险的降低以及财政资金的阳光操作，提高了扶贫效率。

屏南精准扶贫精准脱贫攻坚战取得新成效：全县贫困人口从2010年的1.67万人下降至2017年的3328人，贫困发生率从2014年6.1%降至2016年1.97%，2016年实现脱贫1156户4349人，39个贫困村实现20个“摘帽”退出[①]。“天下顺治在民富，天下和静在民乐。”在消除贫困、改善民生、逐步

① 2017年10月12日宁德网www.ndwww.cn/xw/ndxw/2017/1012/61291.shtml

实现共同富裕的征程上，屏南将举全县之力、聚全县之智，冲刺一年：2017年实现建档立卡贫困人口全部脱贫；巩固一年：2018年实现建档立卡贫困人口全部稳定脱贫，确保实现与全省、全市同步全面建成小康社会！

案例七　河北阜平之金融创新助推精准扶贫

革命老区河北省阜平县，地处太行山东麓深处，位于河北省保定市西部，是国家级贫困县，也是国家“八七扶贫攻坚计划”重点县和“燕山—太行山片区区域发展与扶贫攻坚试点”。境内地形复杂，山峦绵亘，沟壑纵横，是典型的老区、山区、贫困地区“三区合一”。2012年，习近平总书记到阜平县考察扶贫开发工作时强调，要把帮助困难群众特别是革命老区、贫困地区的困难群众脱贫致富摆在更加突出位置，推动贫困地区脱贫致富、加快发展。2013年，习近平总书记到阜平县进行视察，作出了“实施精准扶贫，增强内生动力”的重要批示。阜平县按照中央、省、市的总体部署，不断探索新模式，开拓新动力，大力实践精准扶贫。其中，效果最好、最广为传颂的是金融扶贫。阜平县自2014年起，以创建金融扶贫示范县为载体，探索建立了“政府+保险+银行+农户（企业）”的金融扶贫模式，支持了食用菌产业的发展，促进了大枣、核桃、肉牛、肉羊等富民产业的快速发展，有效推动了阜平县精准脱贫工作。

（一）阜平县扶贫概况

保定市阜平县总面积2496平方公里，总人口22.98万人，辖6镇7乡1个社区管委会，209个行政村，1208个自然村。阜平县属于纯山区县，山场面积有326万亩，占县域总体面积的87%；其中耕地面积有21.9万亩，人均0.96亩，俗称“九山半水半分田”。全县209个行政村，其中贫困村有164个，占比78.5%。阜平县贫困范围广、基础差、农户贫困程度深。阜平县是贫困农村的典型代表，生产形式单一，产业结构简单，以养殖业和种植业为主要发展项目，例如：养猪、养鸡、种果树等，以少数电商和服务业为辅助项目。阜平县教育水平也比较落后，农民缺乏科学的养殖技术，对种植的相关知识也较为欠缺。农业经济十分脆弱，一旦气候失调，收成就会严重受损，农民生活无法得到保障。

2012年底，习近平总书记专程来到阜平考察贫困状况，并连夜听取了基层干部群众的脱贫工作汇报。随后，依据阜平的实际情况，制定了“三年大见成效、五年稳定脱贫、八年建成小康”的总体目标。国务院机关事务管理局派来一名副司局级干部，挂职保定市副市长，专职负责阜平扶贫攻坚；国土资源部将阜平列为扶贫联系点，派驻了一名副处级干部挂职阜平县副县长；河北省委办公厅派工作组进驻习近平总书记走访过的骆驼湾村，水利部也把阜平县作为水利扶贫联系点；2013年7月，国家旅游局正式授予阜平县为国家旅游扶贫试验区。2014年7月，阜平金融扶贫示范县创建工作全面启动，从解决资金问题着手开展扶贫工作。

（二）阜平县金融扶贫总体进程

2014年4月，河北省金融办驻村工作组和县委、县政府共同酝酿提出了金融扶贫的工作思路。

2014年7月15日，经省委、省政府批准，省金融办出台

《关于支持阜平创建金融扶贫示范县的实施意见》，成立支持阜平创建金融扶贫示范县协调工作小组。该小组由省金融办牵头，由人行石家庄中心支行、河北银监局、河北证监局、河北保监局、省财政厅、省地税局、省扶贫办、保定市、阜平县等各单位组成。省金融办委派一名副主任、两名处长驻阜平指导开展工作。同年，河北省先后投入拨付专项资金支持阜平县金融扶贫工作。

2014年10月，组建了阜平县金融服务中心。

2014年11月，出台了《阜平县农业保险联办共保实施方案》，县政府与人保财险公司开始研发覆盖全县主要种植养殖品种的保险产品。

2015年1月，建成了覆盖全县各乡镇、村的金融服务网络。出台了《关于加强农村金融服务促进产业扶贫的实施意见》《阜平县推进金融扶贫工作实施方案》等文件，为金融扶贫工作提供了政策、制度保障。

与此同时，健全了农户信用评定机制和监管体系建设，并加强农业保险兜底，政府引导金融机构向贫困县倾斜，提高金融设施建设，创新金融产品，完善金融服务。各项农业保险和扶贫贷款业务全面开展。

（三）阜平县金融扶贫模式介绍

1. 建立县—乡—村三级金融服务网络

为解决农村金融人力成本高、信息不对称的问题，阜平县通过整合现有行政资源，从县一级自上而下地成立了县—

乡—村三级金融服务网络，覆盖了全县13个乡镇、209个行政村，形成了金融进村入户的“血管”，解决了信息不对称、人力成本高的问题。

——县级金融服务。县级金融服务由县金融工作领导小组和县金融服务中心提供。县金融工作领导小组是由县长任组长，常务副县长、主管扶贫工作副县长任副组长的金融工作领导小组，其工作职责是负责政策研究，协调推动扶贫贷款担保、农业保险和诚信体系建设等工作。如再贷款担保工作中，县金融工作领导小组要根据各乡镇农业发展状况和人口数量、种养产业规划、发展规模等因素，合理确定各乡镇担保基金额度。县金融服务中心，由10名全额事业编制人员组成，每年工作经费30万元，与县金融办、县惠农担保公司“三位一体”合署办公。其工作职责是在县金融工作小组领导下，负责全县金融扶贫管理服务工作，指导乡镇金融工作部开展贷款和保险各项业务。

——乡镇级金融服务。乡镇级金融服务由乡镇金融工作领导小组和乡镇金融工作部提供。乡镇金融工作领导小组是由乡镇党委书记任组长，乡镇长任副组长的金融工作领导小组。其主要职责包括：领导金融工作部开展工作，为金融工作部工作开展提供相关保障；对金融工作部提出的初审意见进行审核，必要时进行考察，对申请贷款对象的审核意见负责；监管贷款使用情况，协助合作银行做好贷款回收工作。依托乡财政所成立金融工作部，每年工作经费2万元。其工作职责是进行政策宣传培训，审核项目相关信息，开展贷款和保险各项业务，建立诚信档案。

——村级金融服务。村级金融服务由村级金融工作室提供。村级金融工作室由村支书或村主任负责。其工作职责：搞好政策宣传，核实项目相关信息，监督资金使用过程，进行诚信信息采集，协助办理相关业务。

2. 创建农业保险“联办共保”机制

保险作为风险补偿的重要一环，在扶贫工作中可以发挥精准定位的作用。阜平一方面结合本地实际情况设立能够覆盖全县主要种养业品类的农业保险险种，形成结构合理、品类齐全、运行规范、保障有力的农业保险体系；另一方面创新政府与保险公司合作的“联办共保”模式，收入共享、

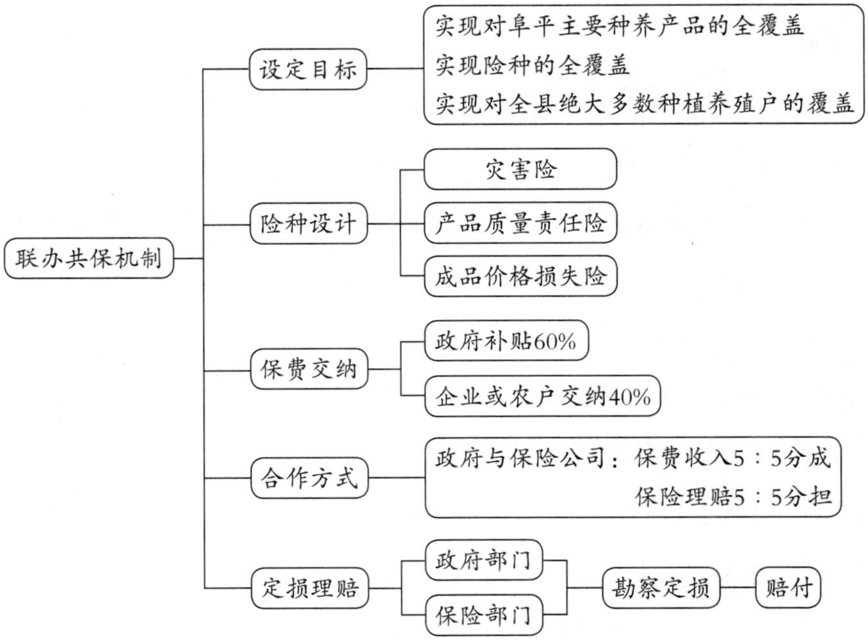

联保共保机制示意图

风险共担，不仅降低了保险公司的风险、盘活了财政扶贫资金，也为农业保险的全面铺开创造了积极条件。兜住了农业经营风险底线，打消了“银行放贷收不回、农户贷款还不了”的顾虑。

——农业保险对主要种植养殖产品实现全覆盖。一是对规模数量大、覆盖面广的种养产品实现全覆盖；二是对虽然规模数量偏小，但将来要重点发展打造的种养产品实现全覆盖。2015年，阜平县在玉米、花生、奶牛、育肥猪等14个政策性产品外，在省保监局的帮助支持下，开发了大枣、核桃、肉牛、肉羊、种羊、肉鸡6个商业保险产品。2016年，又开发了食用菌、肉驴、中药材、皮毛动物、林果等7个商业保险产品，基本实现对全县所有主要种植养殖产品商业保险全覆盖。

——对每个产品实现3个险种的全覆盖。灾害险，就是对因受到雨、雪、风、冰雹、火灾等自然灾害及疫病、疾病等造成的损失进行保险，目的是保障一般性的经营风险。产品质量责任险，就是对因产品质量问题给用户造成的损失进行保险，同时也是对阜平所有的农产品质量进行安全承诺，树立阜平绿色安全的农副产品品牌。成本损失险，就是对因市场价格波动给农户或企业造成的种植、养殖成本的损失进行保险，目的是兜住生产经营的底线。成本价格损失险为全国首创（获得2015年全国农业保险创新奖）。

——保费交纳。除政策保险产品按有关规定执行外，商业保险产品农户和企业自缴保费的40%，政府保费补贴60%。

设定6：4的比例是经过充分调研论证、反复研究的，主要考虑了农户的参保积极性与财政的承受能力，找到了两者的结合点。

——设立农业保险基金。县一次性注资3000万元设立保险基金，以后每年将应补贴的保费列入财政预算，直接打入保险账户。

——保费收入及理赔。保费由人保财险公司和政府保险专户5：5分成，保险理赔由人保财险公司和政府保险专户5：5分担。

——勘察定损理赔。由人保财险公司、政府相关部门和乡村两级金融服务机构共同实地勘察定损，按照实际损失程度赔付理赔金额的95%。

3. 创建扶贫贷款“风险共担”机制

县政府与银行部门对农户贷款实施风险共担。

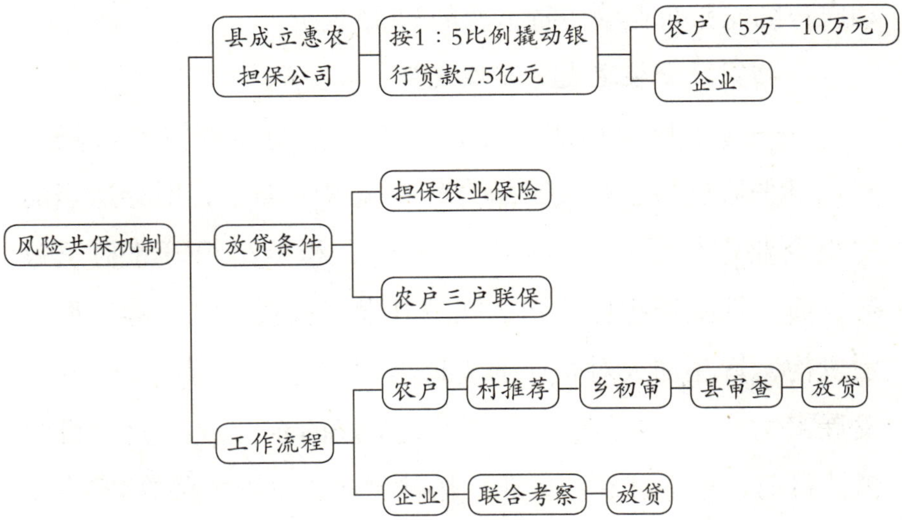

风险共担机制示意图

——县成立实有资金2.1亿元的惠农担保公司，本着“扶持产业，旨在扶贫，兼顾风险，全力惠农”的原则，为农民发展现代种养业提供扶贫贷款担保。视产业发展和担保额度逐步增资，保证农户和企业贷款需求。

——与农行、邮储银行、农联社、保定银行、北京银行、人保集团合作，贷款审查由银行和县、乡、村三级金融服务机构联合进行，合作银行按照1：5的比例发放贷款，农户贷款全部执行基准利率。

——建立了“村推荐、乡初审、县惠农担保公司和银行联合审查”的贷款审批工作流程；惠农担保公司对贷款损失全额代偿。

——农户贷款实施“三户联保”，项目建成后符合投保条件的必须加入保险。

——县财政对5万元以下的贷款实施3年减半贴息。对带动农户的龙头企业给予贷款额的3%贴息。

4. 拓宽融资渠道支持县域发展

——与股权交易所合作，引导中小企业到资本市场融资。阜平通过与股权交易所合作扩宽融资渠道，引导适当的中小企业进行资本市场融资。同时，积极组织筹建村镇银行、商业性融资担保公司、扶贫开发股权投资基金等新型金融机构，旨在加大对企业的支持力度，将资金向成长性好、发展潜力大、科技含量高、环境友好的企业或产业项目倾斜。目前，阜平县春利牧业、亿林枣业、阜彩蔬菜等4家企业已在石交所挂牌上市，有效拓宽了融资渠道。

——与政策性银行合作，争取对产业发展和基础设施建设的支持。政策性银行的贷款具有周期长、数额大、成本低的特点。其渠道打通至关重要，可以从以下5点着手：一要搭建好投融资平台，二要研究掌握相关政策，三要做好项目准备，四要具有一定的财力支撑，五要依规有序操作。如，县政府与农发行签订了128亿元合作信贷协议。同时，成立了注册资金3.95亿元的阜裕投资有限责任公司，按照“委托代建、金融支持、购买服务”的合作模式运作。公司自筹项目资本金达到20%，剩余80%的资金靠银行贷款，政府购买服务质押占贷款的70%左右，第三方以净资产提供保证担保，占贷款的30%左右。目前，农发行已授信7.11亿元，县政府与国开行合作争取到了10.25亿元贷款用于农村基础设施建设和县城棚改项目，与保定银行合作贷款5亿元用于山区综合开发项目。

——与品牌公司合作，创建支持企业发展基金平台。与省信产投达成合作意向，筹划建立2亿元的商业担保公司，为县内企业提供融资担保；与深创投达成合作意向，拟合作建立2亿元的创业投资基金，为中小企业创业提供资金支持；与国投创益达成6300万元的股权投资协议，近期将投放到位。

5. 建立农村信用体系，优化金融生态环境

为营造良好的农村信用环境，阜平县坚持激励与惩戒相结合的方式，依托金融服务中心，以农户信用信息系统为平台，采取边采集边录入的方式，记录农户信息，引导农户树立“信用也是财产”的社会意识，建立了农村诚信体系和守

信激励、失信惩戒机制。

农户信用信息档案分为农户信息和农户信用查询。农户信息为贷款农户的资料搜集，分为基本信息、融资信息和社会信息三部分。农户基本信息中包括农户在内的配偶、父母以及子女的家庭居住地点、身体状况、劳动能力、学历水平和家庭收入状况等信息。这种以农户家庭为基本单位的录入方式，不同于商业贷款中的信用查询：商贷中只需要本人信息无不良记录即可申请贷款；而以家庭为单位的录入方式，一旦家庭成员中任何一人有不良信息，就会影响到家庭其他成员今后的贷款，甚至会对以后子女的教育产生影响。授信约束机制会让农户权衡自己违约之后所付出的成本，能在很大程度上规避违约风险。

按照信用体系建设的相关规定，逾期一次者批评教育；逾期两次者取消财政贴息；逾期三次者视为信用不良，不对其进行担保贷款。对于融资信息存在不良贷款的农户，直接取消其办理担保贷款的资格，同时影响家庭所有成员办理惠农担保贷款业务。

作为一个“三区合一”的贫困县，阜平县部分农户思想不端正，容易进行缠访闹访，使得贷款流程不能够顺利开展下去。农户社会信息会体现这一点，金融服务中心会对缠访闹访户的贷款申请进行谨慎处理。在已录入完毕并且在信息网中已经评分的农户中，分差最明显的是农户基本信息，融资信息和社会信息的差距不是很大。说明取得贷款农户的家庭贫困程度虽然不同，但是个人融资信息状况都良好，没有对品德不良的农户提供贷款。

阜平县建立的守信激励和失信惩戒机制，通过多种措施促使农户诚信经营，树立“信用也是财产”的社会共识，从而严厉打击骗保、骗贷及恶意违约行为，提升了社会信用管理水平，优化了金融生态环境。

（四）阜平县金融扶贫成效

阜平县在金融扶贫创建金融扶贫示范县的历程中，充分运用金融、财政两个杠杆，利用信贷、证券、保险等相关产品，发挥政府行政优势，引导激发贫困农户创业经营，引领推动贫困地区发展支柱产业，取得了可喜成果。

开展金融扶贫3年来，金融手段激发了阜平人脱贫致富的热情和内生动力。顺利实现4.4万人稳定脱贫，全县农民人均纯收入从2012年的3262元，增长到2016年的6700元左右；贫困人口由2013年底的10.8万人减少到2016年5月的5.78万人。在贫困农户贷款问题方面，阜平县政府设立惠农担保公司，支持合作银行向农户和企业发放贷款。截至2016年6月，全县共计发放担保贷款3.97亿元，其中，3642户农户获得了2.73亿元（建档立卡贫困户2172户，贷款1.51亿元），38家企业获得了1.24亿元的贷款。县域贫困农户大多以土地为生，在金融扶贫的推动下，阜平县传统的种养殖业规模得到扩大，效益得到提升，风险得到保障，阜平县政府因地制宜、对症下药，培育了一大批特色产业。同时，绿色蔬菜、食用菌、中药材等一系列新兴产业也得到了迅猛发展。食用菌产业已完成土地流转6300亩，建成标准大棚2000多栋，出菇约3700万棒。培育食用菌、中药材等龙头企业30家，带动农户3400多户。

阜平县从1986年被列入国家重点扶贫县，朝着2017年实现稳定脱贫、2020年与全国一道建成小康的目标发展至今，逐渐由一个“九山半水半分田”的山区县，蜕变成摸索出了一条特色金融扶贫新路子的示范县。其成功的金融扶贫经验吸引了省内外政府、高校、金融机构等纷纷到阜平试点考察学习。承德隆化县借鉴阜平经验实施了“政银企户保”金融扶贫模式，对带动贫困农户生活生产发展的龙头企业，根据不同情况给予不同奖励。阜平县金融扶贫的实施，带动了河北省周围各县的脱贫攻坚的进程，进一步论证了发挥金融扶贫可以带动县域经济发展的引导作用。

（五）阜平县金融扶贫模式的经验

1. 从省到县建立了比较完善的制度体系，为试点工作提供了良好的制度保障

2014年7月，省金融办发布了《关于支持阜平创建金融扶贫示范县的实施意见》；随后，县政府制定了《阜平县农业保险联办共保实施方案》等文件，为“金融扶贫、保险先行”的试点工作提供了良好的制度保障。

2. 建成县乡村三级金融服务网络，解决了金融进农村的平台问题

2015年，建成了覆盖全县各乡镇、村的金融服务网络，

解决了金融进农村的信息不对称、人力成本高、组织力量薄弱等难题。

3. 选定经办机构，探索“联办共保”农业保险经营模式

2014年8月，阜平县人民政府与人保财险公司签订了《保险市场助推阜平创建金融扶贫示范县战略合作协议》，进行农业保险的联办共保试点。双方分别设立农业保险专用账户，保费收入和保险赔款按照5∶5的比例分配和分摊，分别发挥行政优势和技术优势协同推进农业保险，降低了推进成本和难度。

4. 认真研究保险方案，因地制宜地创新农险产品

人保公司对阜平金融扶贫试点项目高度重视，总公司—省公司—市公司—县公司四级机构全力参与，对政策要求、产品需求和服务模式等方面开展了多层次、全方位的调研，设计出4类符合政府要求和农户需求的保险方案，分别是“阜平县金融扶贫示范县农业保险全覆盖产品方案”“阜平县农户平安险组合方案”“阜平县政府综合责任保险方案”和“阜平县意外伤害保险方案”。

5. 财政补贴其他涉农险种，为农户提供全面风险保障

阜平向全县推广农户平安综合保险，为农户提供人身意外险保额5万元、家庭财产险保额1.85万元的综合风险保障。每户25元的保费由县财政全额承担，为农户提供总计29.66亿元的人身风险保障和10.97亿元的家庭财产风险保障。

此外，县政府还推行“一元民生保险”，即保费为1元钱，由县政府全额承担全县22.8万元的保费，保险金额为每

人10万元，防止农户因意外致贫、因意外返贫，提高农户的风险管理意识和保险意识。

6. 创新“农业保险+贷款”联动机制，解决农户“融资难、融资贵”问题

阜平县“农业保险+贷款”的联动机制主要有3种途径：首先，是贷款担保+农业保险反担保。县政府成立县惠农担保公司，本着“扶持产业，旨在扶贫，兼顾风险，全力惠农”的原则，对参加农业保险并有资金需求的农业经营主体提供贷款担保，农业保险保单可作为惠农担保公司的反担保。参加农业保险和三户联保的农户，经过“村推荐、乡初审、县惠农担保公司和银行（保险）联合审查”的工作流程后即可获得融资贷款。农户按时偿还贷款本息后，由财政部门给予50%贴息。其次，是保单质押贷款。农户可用农业保险保单向当地合作银行获取一定额度的保单质押贷款，用于扩大再生产。最后，是保险资金支农融资。2016年6月2日，中保投资有限责任公司已在阜平首期投入5000万元进行支农融资；2016年6月28日，人保集团与阜平县政府签约“政融保”项目，安排了1亿元专项额度，向农户提供额度大（10万元起）、成本低（利率6%左右）、方便快捷（向保险公司或惠农担保中心申请均可）、期限灵活（6个月至3年）的保险融资。

7. 建立了巨灾风险补偿机制，保证试点项目的可持续性

县财政一次性注资3000万元设立保险基金，每年保险赔款小于保费收入而产生的结余，自动留存在基金池，不断扩大保险基金规模。此外，还建立了巨灾风险准备金制度，由

县财政部门在当年农业保险保费收入政府部分的25%以内提取，也进入保险基金池，专户存储，专项核算，滚动累积，以备巨灾赔付。保险基金和巨灾风险准备金提高了政府应对巨灾风险的能力，确保保险扶贫的健康持续。

8. 明确了费用资金比例，有利于提高基层工作人员的积极性

《阜平县农业保险联办共保实施方案》明确规定，县金融服务工作领导小组提取联办共保份额保费收入的20%作为综合管理费用，专项用于农业保险的组织、宣传、培训、承保、查勘定损、理赔服务和奖励等相关工作，有利于调动基层工作人员的积极性。

9. 构建信用体系，营造良好的信用环境

为营造良好的信用环境，阜平采取激励和惩戒相结合的方式，按照“政府主导、人行推动、多方参与、普农惠农”的原则，通过“边采集、边办理”的方式建立农村信用体系，在采集农户信息数据的基础上，逐步为农户建立信用信息电子档案，并通过云平台实现各区域金融机构信息共享。依托这一信用体系，严厉打击恶意骗保、骗贷等行为，建立守信激励和失信惩戒机制，树立“信用也是财产”的社会共识，提升社会信用管理水平，优化金融生态环境。

（六）阜平金融扶贫模式的意义

1. 探索出了金融保险扶贫的新路子

金融是经济的血液。贫困地区首先要有资金支持，才

有条件去探索农业产业化，才能真正走向脱贫致富。阜平的“金融扶贫、保险先行”模式，通过积极推动农业保险，为农民兜住风险、提升信用，担保机构和信贷机构才有信心跟进。这种“农业保险—担保—贷款—财政贴息”之间的联动机制解决了农户“担保难”“贷款难”和“贷款贵”的难题，为农业规模化投资和农民脱贫致富提供了重要条件。

2. 保险机制的杠杆效应放大了扶贫资金的使用效果

在阜平的“金融扶贫、保险先行”模式下，政府每投入1元钱的扶贫资金作为保费补贴，就可以通过保险机制转化为若干倍的风险保障，使扶贫资金的使用效果具有杠杆放大效应，政府可以实现“花小钱办大事”。2015年，阜平县政府投入391万元的农业保险保费补贴资金，撬动了1090.63万元的保险资金，使全县农户获得了11.43亿元的保险保障，资金的杠杆效应达到了292倍，显著放大了扶贫资金的使用效能。

3. 兼顾了普惠扶贫和精准扶贫

一方面，通过实施保险全覆盖项目，将贫困人口全部纳入保险保障范围，体现了保险扶贫的普惠性；另一方面，保险作为市场化机制，为贫困农户参与的产业化项目提供较高的风险保障，与传统的“撒芝麻盐式”的扶贫方式相比，具有以小撬大、保障对象和保障金额明确等特点，能够使政府的扶贫资金精准地投向农业产业化项目和相关农户，精准地帮助农户脱贫致富。

（七）阜平县金融扶贫模式的复制条件

1. 建立并完善农户诚信体系

为有效复制阜平金融扶贫模式，农户诚信体系的构建是前提。

第一，确保农户信息采集的真实性。农户诚信体系建设中，三类信息的采集是关键。部分农户为了能够顺利获得贷款，会虚报自己的家庭资产状况，更有甚者隐瞒自己的不良记录；少部分农户为了在付出较低融资成本的情况下，获得较多的惠农贷款，会对家庭成员进行分户，从而出现一个家庭出现多人贷款的现象。担保公司业务人员因为各种原因难以准确地对其家庭信息进行有效的监督核查，从而给部分农户违约行为的发生埋下隐患。

第二，完善信用信息系统。首先要提高农户档案信息和信用分值的同步性，农户档案信息和信用分值的同步保证了农户基本信息的真实性，实现了信用信息系统与实际情况的结合，提高了信用信息系统的实践应用价值。设置专职人员对信用信息系统进行管理，提高信用信息系统的使用效率和效果。

第三，扩大征信体系覆盖面。阜平县将参与信用企业、信用户、信用村和信用乡镇评定的范围扩大到县域内所有农户（包括家庭手工业户和从事种植、养殖、农副产品加工、流通等农林牧生产经营活动的农户）、企业、行政村和乡镇，以解决征信体系覆盖面不够全面的问题。

2. 强化政府支持力度

为有效复制阜平金融扶贫模式，政府支持是关键。

第一，政府需要充分发挥桥梁纽带作用，积极主动对接金融系统，建立和健全贫困户基础信息和扶贫开发项目库信息共享机制，主动为银行系统提供贫困户相关信息。

第二，放宽新型农村金融机构准入门槛，通过提供土地费用减免、资金补贴、税收优惠等相关财税优惠政策，鼓励各金融机构积极推进乡镇银行网点建设，引导农村新型金融机构加大支农力度。

第三，搭建创新融资平台，由政府牵头组建专门承接扶贫开发任务的投融资公司，按照市场化方式运作，以政府信用为基础，整合政策、资源、资金优势，充分发挥多渠道融资功能。

第四，按照国家有关意见，落实“一村一策、一户一法”扶贫方略，有针对性地确立当地产业扶贫项目。

第五，扶持做大做强龙头企业，并且抓好龙头企业与贫困农户的对接，促使企业与农户形成互相依赖的产业链和利益共同体。

第六，推进扶贫产业园建设，围绕资源优势打造产业集群，带动贫困群众发展生产、增加收入。

3. 鼓励创新的良好氛围

为有效复制阜平金融扶贫模式，鼓励创新是引擎。

第一，担保机制创新。阜平县由县政府与人保财险公司联办共保，双方按比例安排专项资金，实现种养业灾害险、责任险、成本险和农户家庭综合险种的全覆盖。成立县乡两级扶贫贷款担保公司，与银行机构合作，支持群众发展富民产业。

第二，扶贫模式创新。阜平县探索建立了“政府+保险+银行+农户(企业)”的金融扶贫模式，进一步丰富了金融扶贫工具和手段。

第三，金融产品创新。阜平县高度重视“三农”产品创新工作，针对重点领域加大产品创新力度，探索创新特色产品。如，创新出台了“美丽乡村贷”、金穗“快农贷”、国内首个针对农民群体的个人住房贷款产品——农民住房安家贷、金穗“脱贫贷”、金穗“小康贷”、“人保支农融资”等。

第四，农业保险服务机制创新。开发多类险种，覆盖全县种养业品类，在参保面上覆盖绝大多数种养业群众，使绝大多数群众受益。

案例八　河南潢川之“多方协作”产业扶贫

自全国精准扶贫工作开展以来，如何提高扶贫效率，整合配置扶贫开发资源，提升贫困户的内生动力和发展活力，避免脱贫户再度返贫等问题就成为了许多贫困县区扶贫工作的棘手之处，一直困扰着各地脱贫任务的进展。河南省信阳市潢川县在扶贫攻坚实践中创新了产业扶贫方式，在龙头企业带动模式的基础上，结合当地实际，成功地探索出了“公司+基地+合作社+贫困户”多种农业经营主体的“多方协作”模式，引导当地食用菌龙头企业与省国开行、县扶贫办、贫困户四方合作，为贫困户提供多种类型的收入来源，为增强贫困户自身发展动力和能力建设、摆脱返贫困境开拓出了一条可供借鉴之路。

（一）“多方协作”产业扶贫的含义

产业链的多方协作是潢川县开展产业扶贫的关键，其创新产业扶贫模式的要点就在于引导当地龙头企业（以九龙春天食用菌公司为例）成为贫困村脱贫致富的带动人，当地成立合作社，与县扶贫办共同规划合作，发动贫困户入社，有机整合资金、土地、技术和基础设施等资源，授人以渔，使得获得项目扶持的贫困户在项目进行的过程中逐步掌握食用菌种植的技术，积累持续发展农业生产的资源，提高自身发展的能力，并且通过龙头企业和合作社的合作，可以更优先地获得与食用菌种植相关的技术和生产大棚等基础设施资源。贫困户在脱贫后可以继续以社员身份在合作社中与企业保持合作，形成企业出售菌棒—农户生产—企业收购的上下游产业链条，从而有效地提高了扶贫项目的可持续性和农户收入的稳定性，降低了集体脱贫目标达成后，部分农户因无稳定收入来源而返贫的风险。

（二）“多方协作”产业扶贫的制度设计及具体做法

信阳市潢川县为提高脱贫攻坚的实效，针对“谁该扶”“谁来扶”“怎么扶”三大问题，在扶贫对象的精准分类，贫困户、贫困村帮扶机制的创新方面建立并实施了多项工作机制，包括精准识别、资金使用、签订协议等多项制度规范。潢川县明确了以建档立卡贫困户为对象，以龙头企业为带动，以股份帮扶模式为利益联结方式“多方协作”的产业扶贫道路。

1. 针对“谁该扶”问题，注重识别规范程序，做到“一人不漏档，入档零差错”，从而降低群众之间可能产生的冲突和矛盾

精准识别工作的关键在于依靠农民群众、依靠基层组织，要保证整个过程公开透明，如对提出申请贫困户的人员名单要进行公示，对群众民主评议的结果要进行公告，对经过核查最终认定的贫困户结果要进行公示，并在贫困户认定工作中比照住房、生活、劳力和支出四大要素，做到公正评判，选出最需要帮助的贫困人口。同时，县、乡第一书记和帮扶工作队组成联合工作组，对拟确定的每一个贫困户进行

家庭底子、致贫原因、帮扶脱贫措施、帮扶责任、脱贫轨迹的入户核查，并实行村党组织书记、村委会主任、派村第一书记、包村干部、乡镇党委书记、乡镇长签字确认，夯实责任。

2. 针对“谁来扶”问题，确定帮扶企业，建立利益联结机制，签订协议，落实责任与任务，确保扶贫项目实施的效率

潢川县扶贫办与有实力、有发展潜力和愿望的九龙春天农业科技有限公司达成合作，一方面，利用该企业的规模和科技优势，创新生产模式，以“公司+基地+合作社+贫困户”的模式推广香菇种植。另一方面，创新金融扶贫模式，为解决产业发展所需资金，由龙头企业和省农开担保公司各支付10%的担保金，提供共同担保，省国家开发银行为基地农业项目提供中小企业贷款，支持项目的实施，通过企业营利带动当地贫困村脱贫并且还本付息。

在此过程中，创建良好利益联结机制，保证公司和贫困户能具备共同的利益和目标，使公司能尽心地为贫困户谋利益、谋发展，实现当地贫困户拥有稳定收入、企业扩大销售打造品牌的双赢，签订书面合同、协议定责的工作尤为重要。潢川县采取股份帮扶模式，将到户增收项目资金用于基地基础设施建设。即以贫困村为单位，由龙头企业牵头注册成立扶贫专业合作社，在贫困户自愿加入的前提下，广泛吸纳县扶贫办精准识别建档立卡的贫困户为社员，签订入社合同，发放社员证，将扶助贫困户到户增收资金聚合到合作社中，作为基础设施建设资金，由合作社依托龙头企业建立生产基地并负责生产经营，贫困户可获得按期分红，分红标准

为国开行为平均每户农户提供贷款额度的10%，除此之外，农户还可收取土地租金并获得在企业务工的收入。

3. 针对“怎么扶”问题，让企业发挥规模优势，提高农户种植收益，并为农户提供技术培训和就业渠道，令贫困户拥有后续生计，政府则提供专项资金补助

在实际运作中，由合作社使用国开行为每户农户提供的贷款资金购买龙头企业生产的种子、菌棒等生产资料，而农作物种植生产和销售的一切工作由龙头企业公司负责，扶贫项目期内，公司每年为社员提供10%的固定收益回报，并承担所有国开行贷款的还本付息责任，令农户无负债还息之忧。此外，公司对所流转的土地，向每户贫困户提供500—700元/亩/年的土地流转金，并招收贫困村的剩余劳动力进入生产基地务工，按月给予工资收入，农业工人上岗前须接受相关培训，培训期间也可获得补贴。

在扶贫项目期过后，脱贫农户掌握了相关种植技术，在不退出合作社，并且与公司达成双方一致同意的情况下，可以使用公司建设的大棚而无需缴纳租金，继续种植与公司业务相关的农产品，并且由龙头企业负责回购，收益率由企业根据市场情况与农户相协商确定，但农户在生产时也必须承担相应的义务，即购买龙头企业提供的菌棒和其他生产资料。而针对退出合作社的社员，在扶贫项目期过后，企业则返还80%的到户资金至农户手中。

（三）主要成效

潢川县通过四方合作，创新了产业扶贫的合作形式和利益联结机制，利用企业的规模优势和技术、资金、设备等方面的有利条件，促使扶贫项目快速推进，并且为实现贫困村的持续发展，实现脱贫户不返贫的目标探索了有效路径。

1.“多方协作”促进了产业链条的形成，在促进贫困户增收的同时避免了走给钱、给物的“输血式”扶贫老路

为避免扶贫资金扶持了企业、合作社，而没有辐射带动贫困户的“扶富”行为，以“多方协作”的模式确保了项目成功、产业发展和贫困户稳定增收。通过务工收入、定额补助、土地租金和政府补助4项收入，潢川县每户贫困户的年收入可增加2万元，有效地实现了脱贫致富。

2.“多方协作”提升扶贫各项资源的利用效率和贫困劳动力的素质

由龙头企业牵头，建立合作社作中介，企业在其中发挥带动作用，吸收农村剩余劳动力，整合利用农村土地资源和到户资金的协作模式，潢川县九龙春天公司在该县的8个乡镇及周边县建立基地，种植面积1600余亩，已建成大棚900余亩，带动2000余户贫困户从事香菇种植生产，使贫困户在务工的同时也能学到技术，为脱贫后不再返贫打下良好基础。

3. 企业参与扶贫，缓解了扶贫开发资金短缺的困局，促进了各方力量参与扶贫的局面形成

企业参与扶贫项目的过程，也是推动自身农业业务发展

的过程，在得到县扶贫办支持、获得政府补贴的同时，又能通过合作社向省国开行申请企业贷款，既解决了自身发展的资金需求问题，又为贫困户发展贷款难的问题提供了一条解决途径，实现了双方的合作互赢。企业通过吸收农村劳动力扩大了规模，利用到户增收资金建设了种植基地，此举也带动了其他社会力量参与扶贫项目的热情，调动了更多外出务工经商成功人士回报社会、回馈家乡，对加快贫困群众脱贫致富效果显著。

4. 增强了民众脱贫致富的信心

企业先进设备和技术的进入开拓了村民的视野，提高了村民的技能，九龙春天公司提供的菌棒质量优、产量高、一年多产，并提供了优惠使用的大棚，增加了农户的收入，提高了贫困户的生活水平和生产水平，让群众感受到社会的温暖，密切了企业与村民的关系。“多方协作”在促进乡村经济发展的同时，也促进了农村社会的和谐，坚定了贫困群众脱贫致富的信心。

（四）“多方协作”产业扶贫的适用条件

信阳市潢川县龙头企业带动的“多方协作”模式也有一定的适用条件。

1. 龙头企业的牵头作用和政府的引导作用必不可少

合作社的建立、贷款的担保、资金的使用、基地的建设、生产销售的各个环节都离不开企业的牵头引线，产业扶贫项目的启动需要庞大的资金支持，而企业往往也很难单独获得大额贷款。这就需要政府创建一个链接企业和小农户扶贫到户资金衔接的机制，使得给予贫困户的贷款能够有效投入到企业的建设发展中，由此建立企业与贫困户的利益联结机制。该模式需要政府有所作为，并发掘有潜力的企业参与，使其成为脱贫致富的产业基础。

2. 精准识别是搞好扶贫攻坚的前提

精准识别是精准扶贫的基础和前提，只有真正把扶贫对象的情况摸准、吃透，精准施策、精准帮扶才能有的放矢，才能做到扶真贫、真扶贫，才能扎实有序推进扶贫开发工作，才能打赢扶贫开发攻坚战。

3. 建立有效的利益联结机制是产业扶贫的关键

企业的行为决策受市场需求的引导，想要充分发挥企业和各方良好合作，实现“一加一大于二”的双赢效果，就必须建立恰当的利益联结机制，达成企业和贫困户都能接受的条件，使其均能在扶贫项目中获得符合预期的回报。潢川县九龙春天公司通过扶贫项目获得了国开行贷款，建设了香菇种植基地，扩大了销售规模，从而打造了自身品牌；而贫困户则通过到户资金的投资和务工获得了收益，增加了收入，提升了自身劳动素质，从而使该种利益联结机制充分地起到了合理配置扶贫资源的作用。

（五）经验借鉴

潢川县通过“公司+基地+合作社+贫困户”的多种农业经营主体的“多方协作”模式实现了特色产业扶贫的持续运

行和良好管护，避免了“输血式”扶贫弊端，因此，潢川经验具有较强的政策指导意义。

1. 统筹整合使用财政涉农资金

采取“龙头企业+基地+合作社+贫困户”模式，公司组建专业合作社，将到户增收项目资金与省国开行提供的中小额企业贷款统合使用。即组织贫困户加入合作社，将扶助贫困户的到户增收资金作为建设费用，国开行贷款作为合作社向公司的投资，由合作社依托龙头企业建立生产基地，由公司承包一切经营销售任务。

2. 加强对贫困户的职业技能培训，促进企业吸纳贫困户为技术工人

在扶贫攻坚过程中，应注重贫困劳动力的转移就业培训。改进培训方式，提供与农产品生产相关的各类知识、技能培训，延长培训时间，提高培训质量，减少资金浪费，促进就业创业，使贫困户真正掌握种植、预防疫病、采摘、分拣等多项技能，确保扶贫项目结束后农户拥有能力进行自主生产。

3. 注重建立良好的利益联结机制

将三大农业经营主体、四个合作方有机地联结在一起，提升资源利用的效率和效果。潢川县的经验表明，为促进与银行的贷款合作，可由企业创建专业合作社，吸纳贫困户作为社员，并由企业与扶贫担保公司共同出资为合作社担保，贷款资金由龙头公司与合作社统筹规划使用，并予以监护，提升资金使用的安全性。而在与贫困户的合作上，公司承担

贷款的还本付息责任，并优先向贫困户提供就业机会，给予农户定额补助、土地租金、务工工资三重收入。并且，项目结束后建立专门的合作制度，为同意继续合作的农户提供制种育种和产品回收等多项服务，解决了农户生产的销路问题，提升了扶贫项目的可持续性。

案例九　广西田东之“合作社+基地+贫困农户，5年返还”扶贫

一直以来，由于农村地区金融环境、农田设施产权等综合因素的影响，金融扶贫在农村地区的开展遇到诸多困难，高风险、低收益、贷款难等问题一直制约着农村金融的发展，也为金融扶贫的工作推进带来诸多难题。2014年11月，农业部、发改委、中组部等13部委联合批准开展全国第二批农村改革试验区试验工作，广西省田东县承担了扶贫综合改革开发试点工作。在改革试验过程中，该县成功探索出“合作社+基地+贫困农户，5年返还”的金融扶贫长效机制，为农村金融扶贫可持续推进开拓出了一条可供借鉴的道路。

（一）基本情况

田东县位于广西西部，地处右江盆地腹地，辖9镇1乡167个行政村，总面积2816平方公里，耕地面积约为39万亩，总人口43万。田东县是一个以壮族为主体的多民族聚居县，全国扶贫工作重点县。全县尚有57个贫困村，贫困人口10.75万人。2008年田东县成为全国农村金融改革试点，2011年12月获批为国家农村改革试验区。经过多年的发展建设，截止到2013年，田东地区生产总值已经达到113.55亿元，农业总产值则达到36.48亿元，县财政收入为15.47亿元，农民人均纯收入为7324元，位居广西前列。

但是，当前田东县经济社会发展正处于加快上升和转型

时期，城乡居民收入差距过大，全县尚有贫困人口10.75万，农村各种生产要素无法自由组合流动，产权制度仍需完善，农村经济发展缺乏内在动力机制，农业产业化水平不高，特色农业规模较小，产业链较短，产品品味不高，商品化率和比较效益低，资源优势未能有效地转换成市场优势，农村产业发展资金不足，农村金融改革存在许多“末梢”问题有待解决。例如在当地贫困村中的产权制度改革推进缓慢，导致资源难以变现，生产要素无法完全发挥其作用，同时农户缺乏利用金融资本帮助生产和经营的观念，农村融资渠道十分有限且并不畅通，农户缺乏财产性收入等等，这些问题都制约着农村地区的发展，成为农村贫困地区人民群众脱贫致富的绊脚石。

因此，加快扶贫创新机制改革和体制创新，特别是在巩固现有的农村金融改革成果的基础上，进一步突破瓶颈，将深化农村金融改革与“扶贫开发综合改革试点”工作相结合，探索出一条扶贫开发的有效且可持续的途径，便成为田东县迫切需要解决的问题。经过不断的改革创新和尝试，在实践总结的基础之上，田东县初步探索出了可持续且有效的金融扶贫的长效机制。

（二）“5年返还”模式含义

自2011年12月田东县获批为全国第二批农村改革试验区以来，田东县结合自身特点，积极探索出了“合作社+基地+贫困农户”的发展模式。其中以田东县思林镇真良村的火龙果种植合作社为代表，该社充分利用“合作社+基地+贫困农户”这一体制机制的优势，通过合作组织平台，统一经营，统一管理，把贫困农户与扶贫项目、扶贫资金、经营风险捆绑在一起，充分调动贫困户积极性，建立了利益相关者之间的利益联动机制。在此基础上，探索出了“5年返还”这一机制，先由合作社负责将土地流转过来后，进行火龙果的种植，贫困户可以加入“贫困农户扶贫互助协会”或者“扶贫产业发展基金”，以协会和基金会的名义入股合作社进行分红，同时在此期间，农户可以到合作社进行务工，合作社负责对农户进行技术培训并发工资，前5年的经营是由合作社来进行的，相应收益也归合作社所有，5年后如果农户有意愿收回自行管理，土地经营权可以返还给农户，合作社负责提供销路和技术指导等服务。对于想扩大经营面积的农户，返还面积可以大于之前流转给合作社的面积，多出面积的租金由农户自行支付。为扶持火龙果产业发展，政府会对贷款的贫困户进行政策性的贴息，对带动贫困户的合作给予政策上的优惠。该模式有效降低了银行放贷风险，解决了贫困农户经营能力弱、抗风险能力弱的障碍，同时培养了农户的经营及种植技术能力，降低了市场风险，使金融扶贫可持续循环发展。

（三）“5年返还”的政策基础及具体做法

为了使“5年返还”等一系列金融扶贫的机制能够可持续地实施下去，田东县出台了一系列的相关支持政策。

1. 加强贫困地区普惠金融的建设，建立村一级“金融服务室”，夯实农村贫困地区金融服务基础

由县金融办牵头，在县扶贫办、人民银行田东县支行等相关单位的大力支持下，在村一级建立由村干部和大学生村官构成的“三农金融服务室”，为村民提供相关金融咨询与服务，让村民足不出户就可以领到贷款，大大简化了信贷手续和流程，提高了放贷效率，解决了贫困村贷款难等金融服务难题。同时开展“金融服务进农家”等宣传活动，改变农户传统保守意识和思想，提升贫困农户利用金融知识、金融工具发展生产的能力。

2. 建立贫困村信用体系，加大扶贫产业信贷产品的开发力度，推进贫困地区政策性农业保险制度建设

田东县在改革过程中，将信用评级与扶贫管理相结合，建立覆盖包括贫困户在内的所有农户、农民专业合作社、小微企业的信用体系，并给予评级授信，进一步解决贷款难的问题。挖掘贫困户信用价值信息，推进非信用村的贫困村转信用村建设，优化贫困村的信用环境，对于无法评级授信的贫困户采取政策兜底和资金互助的方式，解决其发展产业资金短缺的问题。与此同时建立贫困村信贷风险专项基金，促进银行金融机构加大对贫困村的信贷投入，形成贫困资金使用与贫困村信贷投放的联动机制，扩大开展农村产权抵押贷款业务，开发农村危房改造、公共设施建设贷款品种，使信贷保险等金融产品覆盖全部贫困村及扶贫产业，提高贫困村贷款满足率。

3. 推广贫困农户发展生产资金互助活动，多途径解决贫困户融资难问题

田东县在较为贫困的乡镇设立“农村资金互助社”，吸纳贫困户入社，同时引导金融机构加大对互助协会成员的信贷支持，发挥互助资金的杠杆作用，增强互助资金对贫困户的支持力度。到目前为止，在原有的14家“贫困农户发展生产资金互助协会”的基础上，由财政出资设立了43家“贫困农户发展生产资金互助协会”，已使扶贫互助协会覆盖县域内全部贫困村。同时，在贫困人口比重较大的非贫困村则设立了“贫困农户扶贫互助协会”，有效解决了银行机构信贷资金覆盖不足的问题。

4. 建立扶贫贷款贴息制度和风险补偿机制，强化金融服务带动产业发展

建立农业贷款贴息制度，鼓励和引导金融机构加大“三农”投入。田东县对贷款的贫困户实行政策性的贴息，并创新改革贴息办法，探索了银行机构回收贷款与扶贫部门贴息的联动机制，对明确的贴息对象直接采取“系统平台冲减”的方式进行贴息，免除了农户申请贴息的繁琐过程，降低了管理运行成本。同时也建立了贫困户贷款风险补偿机制，对贫困户由于自然风险、市场风险等不可控因素导致的不良贷款进行补偿，从而增加银行等金融机构放贷参与的积极性。同时，对于拉动农民就业，助推农村脱贫效果明显的龙头企业、合作社、专业大户、家庭农场以及新型移民社区建设给予贷款利率优惠及贴息。鼓励银行机构针对贫困村和涉及扶

贫的相关经营主体提供专业的服务，提高信用较好的农户、新型农业经营主体的贷款额度，延长贷款期限，满足农业生产周期长和多次周转的需求，推动金融精准扶贫在全县推广。

5.“合作社+基地+贫困农户”，贫困农户集体入股分红保障非工资性收入，合作社“5年返还”助力脱贫

真良村火龙果种植合作社，在以800元/年的价格流转了村民500亩土地后，进行火龙果的种植。由于火龙果种植前期投入较大，且种植技术要求高，单个贫困农户无法开展此项生产，因此前期将土地流转到合作社，由合作社负责投入种植，贫困农户可以在合作社务工，增加务工收入的同时，学习种植火龙果的技术。除了务工收入外，村里还成立了“贫困农户扶贫互助协会”，该协会的资金由财政拨款一部分，农户可以自愿加入该协会，最后由该协会与合作社对接进行入股，年终进行分红。由于前期投入较大，火龙果在种植的第三年进入丰产期，预计丰产期两年后企业才可以回本，因此确定了“5年返还”的经营机制，5年后如有农户愿意收回土地自行种植，合作社将免费返还其所流转的土地，而对于有扩大规模或者想承包经营的农户，合作社也会把地转给农户，租金则由农户支付，合作社在此过程中则主要负责技术指导和销售渠道，农户则要按照合作社的技术要求和品质要求进行种植，在此过程中，政府则给予优惠政策进行扶持。合作社在整合了扶贫、水利、财政、农业等方面的资金的同时，得到了田东农村商业银行和北部湾村镇银行等给予的150

万元贷款支持。

（四）“5年返还”模式的成效

1. 建立政府、合作社、农户利益联结机制，使扶贫工作可持续推进

在“5年返还”模式中，合作社在流转土地5年到期后将土地经营权返还给农户，可以降低管理成本，同时得到稳定和高品质的货源；农户则在此过程中学习到了技术，增加了收益，提高了自己的生活水平；政府在此过程中则达到了扶贫和培育地方产业的目的。

2. 降低资金使用风险，带动贫困户增收脱贫同时，促进企业发展，解决融资难题

田东县在村一级成立“扶贫产业互助协会”，由协会统一入股，统一分红，有效避免了给钱、给物的“输血式”扶贫老路，同时又保证农户得到利益，发挥了资金的规模效应，降低了资金的使用风险，使银行愿意放贷。同时，通过扶贫资金入股、贷款支持的政策，促进了合作社自身的发展。

3. 带动示范效应明显，收益良好

目前，合作社核心示范区连片种植火龙果550亩。辐射带动周边村成立3个合作社，种植面积扩大到1500余亩。2014年8月，合作社第一批火龙果上市，亩均产量达到5000斤，按照市场价格3元每斤计算，亩均销售额可达到1.5万元。

（五）“5年返还”模式的适用条件

田东县金融扶贫的“5年返还”模式也有其相应的前提条件。

1. 合作社的带动先锋作用必不可少

在整个过程中，合作社是产业发展带动的主体，负责联结政府、市场、农户，其自身所具有的市场能力、盈利能力、管理能力等是扶贫工作是否可持续下去的重要决定因素，因此在选择带动企业的时候，要充分考量企业自身的实力以及企业自身的发展。

2. 资源整合是“5年返还”实施的关键

田东县之所以能够建立金融扶贫的长效机制，其中的关键即是将扶贫、水利、交通、农业等部门的资源整合在一起，通过市场运作的方式，使其可持续地运作起来，由“输血式”扶贫转变为“造血式”扶贫，使扶贫资源长期可持续发挥作用。

3. 建立紧密的利益联结机制，权责相统一，避免“任务式”扶贫

在此模式中，政府、企业、农户之间建立起了紧密的利益联结机制，在保证贫困户受益的同时，促进企业的发展，同时提高农户自身“造血”功能，形成良性互动循环，避免任务式地要求企业承担超额的社会责任。

案例十 天津—甘肃之“东西协作”精准扶贫

“脱贫攻坚，全国一盘棋；全面小康，决胜在合力。”中国东西部结对牵手、协作扶贫，是最具中国特色的“扶贫故事”，成为世界减贫大业里最瞩目的“中国篇章”。

（一）基本情况

天津市地处华北平原东北部，环渤海湾的中心，东临渤海，北依燕山，距北京120公里，是拱卫京畿的要地和门户、北方最大的港口城市、北方最大的沿海开放城市，产业发展完备，经济实力位居全国前列。近年来，天津对精准扶贫、精准施策、扎实做好东西扶贫协作工作进行了探索。“十二五”期间，天津共投入财政援助资金43.2亿元，实施753个项目，对口支援新疆和田地区、新疆生产建设兵团十一师、西藏昌都市、青海黄南藏族自治州、重庆万州区等地。圆满完成针对东西扶贫协作任务，“天津做法”“天津模式”得到党中央、国务院有关领导的表扬，获得对口支援地区群众的高度认可。

甘肃省地处黄河上游，东接陕西，南控巴蜀青海，西倚新疆，北扼内蒙，全省土地总面积42.59万平方公里，东西蜿蜒1600多公里，海拔大多在1000米以上，四周为群山峻岭所环抱，地势起伏、山岭连绵、江河奔流。甘肃省地区生产总值不及天津市的一半。

（二）主要做法

天津市与甘肃省的对口帮扶关系是1996年中央扶贫开发工作会议确定的。20多年来，天津市不断调整援甘思路，从“东扶西联”到“向藏区倾斜”，取得了丰硕成果，同时也取得了弥足珍贵的经验，概括起来，主要有5个方面：

1. 加强组织领导，完善体制机制

天津市委、市政府高度重视津甘扶贫协作，成立了市对口支援工作领导小组，张高丽、孙春兰等市委主要领导同志先后担任组长；两省市高层互访70余次，签署会谈纪要、框架协议等指导性文件18个，完善资金项目管理机制，先后印发了《天津市对口支援项目资金管理暂行办法》《天津市对口帮扶甘肃省项目资金管理实施细则》；不断完善区县结对帮扶机制，天津14个区县与甘肃省定西、天水、陇南3个市的13个贫困县结为帮扶对子；市直各相关部门、各区也通力配合，从项目、资金、干部、人才等多方面支援甘南地区经济社会发展，改善民生，形成了具有天津特色的援藏工作模式，树立了“天津援藏”的品牌和形象。

援甘工作开展以来，天津市的各级领导不畏高寒缺氧，穿越万水千山，来到雪域高原，走进对口帮扶的甘南各县市实地指导工作，考察对接项目；同时不断完善互派挂职干部机制，在甘肃成立天津援甘工作前方指挥部，首批7名援甘干部在甘南州和合作市、夏河县任职。每年有100名天津医疗专家赴甘肃省挂职义诊半年。援藏干部肩负重任，始终牢记使命和职责，视藏区为故乡，把真情融入甘南大地，把大爱播洒雪域高原，将援甘援藏视为政治担当、磨练意志、感悟人生的难得机遇，在调整中适应，在挑战中前行，努力为甘南发展奉献力量。与此同时，天津市许多企业家、爱心人士、大中专毕业生纷纷加入到援藏志愿者行列，捐款捐物、助学支教、奉献爱心，用自己的实际行动书写了社会援藏新曲，为援藏工作增添了一抹抹亮丽的色彩。

2. 突出民生优先，夯实基层基础

坚持把保障和改善民生作为重之中重，投入占援甘资金的70%以上；重点建设定西市安定区柏林村、平凉市华亭县吉家河村、甘南州临潭县冶力关镇蒽家村等20多个天津示范村，极大地改善了当地群众的生活条件；实施了村道硬化、防洪河堤加固、自然村道路修建、牧民定居点建设、危房改造、灌区配套等单项工程100多个，支持天祝县“下山入川”工程建设，解决了群众反映强烈的突出问题；实施了甘南州临潭县八角乡小学教学楼、夏河县桑科乡双语幼儿园、甘南州中等职业学校教学楼等建设项目，改善提升了40个贫困村双语幼儿园教学设施；安排800万元援甘资金建设“甘肃精准扶贫大数据管理平台”，以科学有效的程序对扶贫对象精准识别、精确帮扶、精确管理。

3. 帮扶优势产业，激发内生动力

建设规范化药材基地、牲畜暖棚草棚、网箱养鱼等特色产业项目100多个。实施天祝县石门镇藏族民俗文化村、定西市马铃薯交易市场等产业带动项目20多个，并设立互助资金。以国家支持甘肃建设“旅游扶贫试验区”为契机，实施了甘南州冶力关、扎尕那、拉卜楞寺—桑科草原等大景区景点建设项目，建设了25个旅游观景台、尕秀等2个旅游示范村、1个景点建设拍摄基地，于甘南州开展旅游从业人员培训、民族文化宣传等，培育多层次产业发展格局。为扶持定西食用菌产业，天津农科院食用菌专家现场授课，天津金三农农业科技公司提供技术支持，帮助定西天耀草业科技有限公司开展“利用废旧房舍做菌室、利用废料袋栽蘑菇、利用废菌料再开发”，通过循环利用使企业增效、农户增收。天士力集团与甘南州合作市、临潭县达成药材供应和生产基地建设合作协议。引进实施天津辉宇公司卓尼县牡丹油产业扶贫项目，项目建成投产后将带动大片贫困村户增收脱贫。

4. 发挥平台作用，促进经贸合作

依托经贸展会平台，先后组织12次“异地商会企业陇上行”“光彩事业进甘肃”等活动，为甘肃酒泉、白银、甘南等市州在津举办项目推介会、合作洽谈活动20余次，促成天津温州商会、福建商会企业在嘉峪关、敦煌、金塔等地投资建设石材基地、仓储物流、商业地产、文化旅游项目21个，投资额超百亿元，天津有关单位、企业累计在甘肃设立30多家分公司、办事处；借助区县结对平台，在支持甘肃对口县小城镇规划、帮助发展设施农业、救灾捐款等方面累计投入资金1200多万元；组团参加了天津华人华侨博览会、津洽会、旅博会、食博会等大型展览盛会，有力提升了甘南地方特色产业和产品在天津市乃至环渤海地区的影响力；开通了天津至夏河至重庆的航线，启动了“万名天津市民游甘南”活动，推动市有关委办局与甘肃藏区有关政府和单位签订了20余项战略合作协议；夯实劳务输转平台，成立6个甘肃劳务输转和培训基地，甘肃在津务工人员约14万人。

5. 着力智力支援，打牢人才基础

实施“对口帮扶甘肃藏区定向医学本科生免费培养”项目，到“十三五”末，按照生均2万—3万元/年的标准，将累计安排天津帮扶资金4000万—5000万元；南开大学、天津大学分别与甘肃省陇南市宕昌县、庄浪县开展定点帮扶，制定出台《定点扶贫合作方案》《对甘肃省宕昌县对口帮扶计划——本科招生方案》，组织教师团开展专题讲座，为学生免费举办夏令营等活动；天津医科大学、天津中医药大学、天津医科大学临床医学院将招收400名定向医学本科生。截至2015年底，已招收定向医学本科生249人。学生毕业后将到指定的甘南县级及县级以上医疗卫生机构服务不少于6年，基本满足甘南极度缺乏的医学本科生需求。滨海新区单独出资2000万元，启动“甘肃—天津‘9+3’藏区免费中等职业教育项目”，免费培养1500名藏区中职学生。天津南开中学开设“兰州班”，40名兰州优秀初中生与天津学生享有同等待遇，高中毕业后直接参加天津高考。

（三）“东西协作”的制度设计与经验借鉴

1. 促进两地深入持久合作，在东西协作中共同发展

天津与甘肃地理位置不同、发展阶段不同，但各有优

势、各具特色，交流合作空间很大。新一届天津市委高度重视对口援藏工作，市委书记李鸿忠多次就对口帮扶工作作出重要批示，不断丰富援藏内涵，使援藏工作实现了从单纯的项目和资金支持向扶持产业、增强“造血”功能转变，从单一的干部援助向技术、智力援助转变，从无偿援助向促进两地交流合作转变。同时，将对口帮扶工作写进了市第十一次党代会报告，研究提出了“多层全覆盖”“有限无限相结合”的工作思路。随着第二批援藏干部到岗工作，对口帮扶工作开启了崭新的篇章，找到了新的突破口。

一是在强化“造血”上下功夫，确保产业援藏目标更实。着力扶持优势主导产业，重点扶持生态旅游业和特色农牧业。以天津援建生态文明小康村和电商扶贫为支撑，每年选择10个建档立卡贫困村，实施天津援建生态文明小康村项目。进一步加大旅游扶贫，每年援建2—3个乡村旅游示范村。结合甘南藏区资源禀赋和地理交通条件，扶持建设电子商务示范站和示范点，在甘南州卓尼县、迭部县6个乡建设8个电子商务示范站、80个电子商务示范点。并逐步在甘肃藏区推广，全面加大甘肃藏区电商扶贫工作力度，全力助推精准扶贫精准脱贫。

二是在提升素质上下功夫，确保智力援藏领域更宽。注重把学习培训、送教送学和岗位传帮带作为工作重点，着力提升当地干部群众素质。依托天津对口支援资金，在兰州新区舟曲中学设立天津援藏高中班(宏志班)，帮助特困生接受优质高中教育。以甘南州中等职业技术学校为重点，支持职业技术机构与天津现代职业技术学院、企业和职业培训机构合作，在当地联合办班。向甘南州藏族中学建档立卡贫困户学生提供扶贫资金扶助，每年帮助100名贫困藏区学生顺利完成学业。从2017年起，4年内由天津现代职业技术学院在甘肃藏区招收200名贫困学生，每人每学年补助7000元。待甘南州中等职业学校建成投入使用后，每年在甘南州招收100名贫困学生，每人每年补助4000元。探索天津高校定向培养模式，着力培养急需的医疗、教育人才。继续实施甘南州定向医学本科生培养项目，继续推动建档立卡贫困户毕业学生在天津企业就业，促成天津企业在甘肃藏区招工常态化，缓解藏区就业压力。根据天津市企业用工需求，对藏区建档立卡贫困家庭子女进行订单式职业技能培训，积极帮助引导藏区农牧民到天津地区劳务转移，增加贫困家庭收入。协调争取天津市人社局3年为甘南州帮扶贫困农民工培训资金500万元，主要用于甘南州建档立卡贫困户动力培训。

三是在搭建平台上下功夫，确保援藏交流模式更新。借助区县结对帮扶契机，强化经贸合作交流，在各区开展对应帮扶县的名优特产宣传展销活动，积极协调帮助特色产品生产企业赴天津参加华博会等各类展览会、展销会，扩大甘肃农产品在天津市场的影响力和知名度，全力助推特色商品进入天津地区乃至环渤海地区。依托天津甘肃商会建立的甘肃名优产品天津展销中心和北京南锣鼓巷设立的甘南特色商品展示窗口，全面推介展销甘肃藏区特色名优农产品。积极协调做好区县结对帮扶工作，进一步深化合作内容，拓展合作领域，推动全社会积极参与结对帮扶，逐步形成以政府援助、企业合作、社会帮扶、人才支持为主要内容的结对帮扶工作新格局。

2. 强化考核问责机制，让扶贫措施“落地生根”

扶贫开发贵在精准，重在精准。天津市和甘肃省扶贫协作之所以成果丰硕，一个重要经验就是明确重点、精准聚焦，通过对症下药、靶向治疗，实现从“输血”式扶贫到“造血”式扶贫的深刻转变。习近平总书记指出，产业合作、劳务协作、人才支援、资金支持都要瞄准建档立卡贫困人口脱贫精准发力。

一分部署，九分落实。事不避难，义不逃责。扶贫协作双方的党政主要负责同志要亲力亲为推动工作，每年定期走访、互动。东部地区承担的是帮扶责任，要围绕产业、就业、人才、资金、社会动员5个方面，把力量组织好，输送到西部地区。西部地区承担的是脱贫攻坚主体责任，要主动对接，提出脱贫需求，共同研究制定帮扶规划。

效果好不好、成绩实不实，要用严格的制度来要求和监督，用科学考核评价指标来衡量。考核不仅考核东部，也考核西部。采用交叉考核的方式，在促进互相学习的同时，也有利于检测帮扶的目标是否准确、结果是不是大家公认。“抓工作，要有雄心壮志，更要有科学态度。”正如习近平总书记所说，确保领导工作实、任务责任实、资金保障实、督查验收实，才能实打实地推进东西扶贫协作，让贫困群众真正享有获得感。

实践证明，东部支援西部，先富带动后富，开创了优势互补、长期合作、聚焦扶贫、实现共赢的良好局面。习近平总书记强调，东西部扶贫协作和对口支援，是推动区域协调发展、协同发展、共同发展的大战略，是加强区域合作、优化产业布局、拓展对内对外开放新空间的大布局，是实现先富帮后富、最终实现共同富裕目标的大举措。“银川会议”一年来，中央及地方认真贯彻落实会议精神，积极行动，普遍开展调研考察、高层对接、签署协议、编制规划等工作。目前，东部有267个发达县市区与西部贫困县结对子，占西部375个贫困县的比例达到近71%。实现了对30个民族自治州结对帮扶全覆盖，加强了云南、四川、甘肃、青海等重点贫困市州的帮扶力量，调整了辽宁、上海、天津的帮扶任务，落实了京津冀协同发展中“扶持贫困地区发展”的任务。

（四）“东西协作”天津模式的复制条件

“东西协作”天津模式的实施有利于促进甘肃地区的产业发展，有利于提高甘肃地区的人口素质，为甘肃提供了更好的发展平台，对于实现东西部优势互补、互利双赢、交流合作、共同发展，实现共赢具有重要意义。“东西协作”天津模式的复制需要具备一定的条件，主要包括以下几个方面。

一是政府能够发挥主导作用，建立高层定期互访机制。每年能够由主要领导带队组成党政代表团到对方省、市、区考察学习，召开联席会议，及时就双方交流协作中的重要问题进行对接和磋商，明确工作方向，确定协作重点，签署帮扶协议。双方能够成立了专门工作机构，做到了“有领导分管、有专人负责、有工作计划、有督促检查”。

二是东西部地区具有互补资源，具有协作帮扶能力。东部地区资源能够精准对接西部短板。如，西部医疗水平低，东部能够提供相关培训和资源；西部教育存劣势，东部能够开展相关项目，提升西部教育水准；西部劳动力丰富，东部能够提供工作岗位等。

三是西部具有优势资源和产业，能够实现“造血”。“巧妇难为无米之炊”，优势资源和优势产业是内生动力形成的前提。没有产业带动，缺乏产业支撑，就难以针对性开展协作帮扶，促进产业融合，培育多层次产业发展格局。没有特色产品和特色项目，就难以实现经贸合作交流平台的价值。

四是考核机制健全，责任能够落实。缺乏考核、责任难以落实是20多年来东西部扶贫协作工作的一个不足。2015年的中央扶贫工作会议、2016年的宁夏银川会议强调了要把考核、落实责任作为下一步工作重点。国务院扶贫办的初步思路是采取交叉考核的方式，从而不同省市可以在交叉考核中学习对方的好思路，相互启发。另外，通过交叉考核，也能得到各省市的目标、导向是否准确，结果是否服众的信息。天津模式能够成功也得益于严格的制度要求和监督。

案例十一　陕西延川之资产收益扶贫探索

在《中共中央国务院关于打赢脱贫攻坚战的决定》中，将资产收益扶贫作为精准扶贫重要举措，明确“在不改变用途的情况下，财政专项扶贫资金和其他涉农资金投入设施农业、养殖、光伏、水电、乡村旅游等项目形成的资产，具备条件的可折股量化给贫困村和贫困户，尤其是丧失劳动能力的贫困户。资产可由村集体、合作社或其他经营主体统一经营。要强化监督管理，明确资产运营方对财政资金形成资产的保值增值责任，建立健全收益分配机制，确保资产收益及时回馈持股贫困户。支持农民合作社和其他经营主体通过土地托管、牲畜托养和吸收农民土地经营权入股等方式，带动贫困户增收。贫困地区水电、矿产等资源开发，赋予土地被占用的村集体股权，让贫困人口分享资源开发收益。”

据统计，2016年全国有扶贫任务的28个省份中，共有946个县开展了资产收益扶贫探索，其中贫困县667个。平均每省用于资产收益扶贫的财政资金约为4亿—5亿元。

陕西延安市延川县在资产收益扶贫方面进行了有益探索，取得了明显成效。

（一）基本情况

陕西省延安市延川县，地处陕西省东北部，与山西省临汾市永和县隔黄河相望。全县辖7镇1街道，1985平方公里，20万人，是国家重点贫困县。全县共有建档立卡贫困户8465

户24528人，其中2017年在册贫困户4322户12455人，计划2018年脱贫摘帽。

延川县自然条件独特，境内沟、塬、峁、梁、川纵横交错，属典型的黄土高原丘陵沟壑区，年日照2400小时，平均气温10.6℃，昼夜温差大，是著名的“中国红枣之乡”“优质苹果生产基地县”。境内油、煤、气、盐等矿产资源储量比较丰富，自然景观壮美，有“秦晋峡谷黄河蛇曲地质公园”。

说起延川，必须要说到习近平总书记。1969年1月13日，不满16岁的习近平和1400多名北京知青，到延川县插队落户，与延川人民结下了深厚感情。习近平曾在延川县文安驿镇梁家河村插队7年，入了团、入了党，成为了一名农村党支部书记。由于工作成绩非常突出，被推荐上了清华大学。他是到梁家河村插队的15名北京知青中最后一个离开的。习近平曾经说：“陕西是根，延安是魂，延川是我第二故乡。”

2015年9月22日，习近平总书记在美国西雅图演讲时讲到：“梁家河这个小村庄的变化，是改革开放以来中国社会发展进步的一个缩影。”同年10月21日，在英国伦敦演讲时又讲到：“年轻的我，在当年陕北贫瘠的黄土地上，不断思考着‘生存还是毁灭’的问题，最后我立下了为祖国、为人民奉献自己的信念。”只要到过梁家河的人，都能深刻地感受到习近平总书记治国理政思想理论，这里就是实践的根基和源头。

党的十八大以来，延川县忠实地贯彻执行习近平总书记的治国理政思想理论，确立了“能源化工强县、特色产业富民、文化旅游带动”的发展战略，全县经济社会取得了长足的发展。工业经济转型升级，形成了“一区三园”的布局；农业经济结构不断优化，形成了“中西部残塬峁梁苹果、东部黄河沿岸红枣、川道设施大棚、沟道畜牧养殖”的格局，确立了“四路四带十二个产业园区”的总体布局；文化旅游业快速发展，梁家河成为了党员干部“三观”教育基地和乡村旅游的目的地，路遥文化产业园已开工建设，乾坤湾旅游景区已创建为国家4A级旅游景区，2017年有望创建成5A级景区。

（二）主要做法

2015年2月13日，习近平总书记在延安召开陕甘宁革命老区脱贫致富座谈会。会后，延川县坚决贯彻落实习近平总书记的扶贫战略思想，坚持精准扶贫和精准脱贫基本方略，组织广大党员干部群众反复学习讨论习近平总书记关于陕甘宁革命老区“有两个明显优势、一个明显制约”的论述，即特色资源优势（能源、特色农产品和特色文化旅游资源）、后发优势（城镇化发展和基础设施建设还有很大空间）以及生态环境整体脆弱是明显制约。通过学习，延川县委县政府领导明晰了脱贫攻坚的思路，确立了以脱贫攻坚统揽经济社会发展全局的指导思想，把产业扶贫作为重中之重，同时积极探索和实践资产收益扶贫模式。

1. 发展光伏发电产业

延川县地处东经109度，北纬36度，光照条件好，太阳能资源丰富，年日照平均时间2400小时，光伏发电系统年利用时间约在1000—1100小时之间，发展光伏发电条件较好。抓住国家实施光伏发电扶贫的政策机遇，延川县及时委托西北电力勘测设计研究院编制了《延川县光伏发电扶贫规划》，确定分布式户用系统、村级电站和集中式电站3种模式，规划全县光伏发电场址39个，总装机容量412兆瓦。目前，已建成集中式光伏扶贫电站1座，村级分布式光伏扶贫电站2座，分布式户用光伏电站56座，共帮带贫困户787户，保证贫困户每年收入不少于3000元。正在规划建设集中式光伏扶贫电站5座，村级光伏扶贫电站61座，分布式户用光伏电站300座，总装机257兆瓦，项目全部建成后可直接帮带贫困户7000户左右，户年收入不少于3000元。

一是突出联结贫困户。户用分布式光伏电站由政府补贴、群众贷款自筹，收益全部归贫困户；村级分布式光伏扶贫电站，每10千瓦带1户贫困户，保证贫困户年收入不少于3000元；集中式光伏扶贫电站，每25千瓦至30千瓦带1户贫困户，保证贫困户年收入不少于3000元。

二是创新投融资模式。延川县把村级分布式电站建设作为发展村集体经济的一种有效形式来抓。县上成立能源开发有限责任公司，政府授权对全县资源进行经营管理。采取“公司+村集体+贫困户”的模式，利用县上给贫困户的产业帮扶专项资金和村集体土地入股，不足部分由公司贷款解决。电站建成后，每年在保证每户贫困户收益不少于3000元的基础上，其余年收入的50%偿还银行贷款，50%由公司和村集体按股份分红。

三是积极招商引资。在电站建设中，延川县引进隆基光伏公司，建成了贯头村15兆瓦集中式光伏扶贫电站，2017年6月30日前已经并网发电，每度电价0.88元，直接帮扶600户贫困户每户年收入不少于3000元。葛洲坝水电集团、青海汇能集团等5家企业已经注册成立公司，完成了规划选址工作，正在等待指标批复。

2. 发展设施高效农业

延川光热条件好，昼夜温差大，处于农业部确定的特色优势农产品产业带，生产的各类农产品品质极佳，供不应求。延川县把发展棚栽设施蔬菜、瓜果业作为一项短平快产业扶贫项目重点来实施。建好一座冬暖式大棚就是建了一个小工厂，建成一个集中连片区就是建成了一个农业产业园。实践证明，大棚投资虽然大，但见效快，当年建，当年就有收益，而且效益好。一般一个50米标准棚，一年两茬，毛收入在5万元以上。在具体操作上，主要采取了以下3项措施。

一是统一规划建设，倒逼土地流转。土地碎片化、分散化是制约现代农业发展的主要瓶颈。为了调动产业发展的积极性，延川县明确规定，政府优先支持土地由村集体或合作社统一流转规划建设的设施农业项目。只要是统一流转规划建设的，投入原则上由县政府解决。

二是明确财政投资产权权属，壮大村集体经济实力。延川县招商引资暨民间投资政策和加快脱贫攻坚农业产业“一村一品，一乡一业”发展扶持政策明确规定，凡争取国家财政投资形成资产或资金和县级筹资投入形成的资产或资金，用于生产经营项目的产权，归所在村村集体所有，由村集体经济组织统一管理，企业、大户、合作社及农户对设施或资金实行有偿使用。

三是建立收益分配管理制度，让收益惠及贫困群众。延川县明确规定，村集体经济组织必须对设施或资金建立登记制度，非贫困户租种大棚每米收取30至50元的租金，弓棚每米收取10至20元，红枣防雨棚每米收取20元左右，租金作为集体收益，建档立卡贫困户免费使用。租金具体标准由各镇、村根据实际情况确定。2016年全县共建成冬暖式大棚818座、大弓棚210座，搭建红枣防雨棚500个。2017年规划建设冬暖式大棚1000座、大弓棚1000座，搭建防雨棚1000个。全县6个乡镇的505户贫困户受益，免除贫困户租金90万元左右。

贾家坪镇刘马家圪塔村就是一个典型的例子。2016年，政府筹集资金600万元，农户自筹80余万元，建成日光式温棚36座，产权归村集体所有。优先租给13户贫困户和2户致富能手。贫困户免费种植，非贫困户每米交纳30元租金。目前，头茬西瓜和小瓜已全部售完，50米标准棚棚均收入2万元以上；正在种植秋菜，一年两茬，棚均收入在3万元以上。

3. *发展绿色畜牧养殖小区*

按照农业供给侧结构性改革的要求，积极发展循环绿色农业，探索形成了“养畜围绕产业走，沼气跟着养畜建”

的思路，形成了“以果（菜、枣）定肥、以肥定沼、以沼定畜、以畜促果（菜、枣）”的循环发展模式。目前已建成20个循环农业示范点、26个养殖小区，共涉及农户1188户3453人。为长期稳定发挥效益，明确规定养殖小区不动产权属归所在村村集体所有，并实行有偿使用，收入用于村上事业发展。农业部部长韩长赋于2016年和2017年两次到延川视察指导这项工作，给予了充分肯定。在推进过程中，重点把握了以下几个方面。

一是统一规划建设。按照居住和养殖分离的原则，统一规划、统一建设，采取政府全额投资的方式，资产归所在村村集体。2016年，按照“120平方米圈舍+50方沼气池+150方发酵池”，年产200方沼肥的标准，在梁家河环线建成了20个高标准养殖小区。2017年，围绕果、菜、枣产业发展，又规划建设了20个养殖小区。目前，全县累计建成养殖小区62个，既实现了畜禽养殖规模化、规范化，又实现了家庭院落的卫生干净、整洁。更重要的是实现了养畜、沼肥、农业产业的有效融合，实现了畜禽粪便资源化利用。

二是建立沼肥配送体系。县上成立沼肥运送队，采取政府补贴的形式，鼓励产业户使用沼肥。每方沼肥30元，政府补贴10元，每方收取运费10元。贫困户使用沼肥的运费由政府给予免收。

三是积极探索牲畜托养。按照社会化分工的要求，养殖小区选择有能力的专业合作社、大户或企业实行租赁经营，每个小区投资20万元左右，租金5000元左右，具体由村集体决定。养殖小区选择有能力的大户或企业经营管理。对于托管带动贫困户养畜增收致富的，可享受政府给予贫困户的产业扶持补助资金。

（三）资产收益扶贫的经验借鉴

在资产收益扶贫模式中主要把握好以下3个问题。

1. 资金投入是前提

资产收益扶贫，首要问题是要解决好投资问题，即谁来投，投在哪儿。贫困县百分之百地靠国家转移支付维持运转和发展，自身财力极弱，钱从哪儿来，有了钱投向哪儿？延川县采取了3条措施筹集资金：一是以扶贫专项资金为龙头，整合涉农资金。2016年整合资金1.9亿元，2017年计划整合2.2亿元。凡是资金投入形成农业设施固定资产的，一律明确产权归村集体所有，非贫困户有偿租赁使用，贫困户无偿使用至2020年。二是招商引资开发资源。目前，在苹果、畜牧、蔬菜、光伏、旅游等产业开发方面，明确可以实行土地入股、政府给予贫困户产业扶持资金入股、小额贷款入股、经济林托管、大家畜托养等方式联结贫困户，增加收入。三是融资投入。延川县成立了扶贫开发公司和农业融资担保公司，整合就业担保基金、扶贫小额担保风险基金和中小企业担保基金，成立了担保中心和担保公司，提高政府融资能力。目前，担保基金达到1亿元，可担保贷款额度5亿元。政府主导和引导资金向特色优势明显、有稳定收入且长短结合的项目投放。延川县已经将苹果、蔬菜、红枣、光伏、旅游等确定为特色优势产业。

2. 贫困户利益联结模式是核心

财政投入、招商引资投入、融资投入，实行资产收益扶贫是初心，也是最终目的。采取什么办法、什么形态把贫困群众的利益联结起来，就成为核心问题。既要注意面上其他群众的利益和村集体的利益，又要注意使贫困群众的利益最大化，还要注意非财政其他投入主体的利益。在光伏发电产业扶贫方面，延川县确定了“企业+村集体+贫困户”“企业+贫困户”等模式；在设施农业投入方面，确定了“财政投资+村集体+贫困户”“企业（大户、合作社）投入+贫困户”等模式，把扶贫工作与农业农村全局工作相结合，走统筹扶贫开发的路子。

3. 收益分配机制是关键

资产收益用在哪儿，钱花在哪儿，要合理地制定分配制度。一是要加强资产的监管。明确村集体经济组织就是资产的所有者和管理者，必须按财务制度进行管理。明确村集体经济组织负责人是资产保值增值的直接责任人，村党组织书记和村委会主任是第一责任人，乡镇党委、政府和村监委会承担监督责任。二是要制订好资产收益分配方案。俗语说，“大河有水小河满，大河无水小河干”，一定要处理好村集体经济和贫困户的关系。既要帮扶贫困户通过自身努力发展摆脱贫困，又要防止过多优惠扶持，扶出懒汉，“靠着墙根晒太阳”。同时，要注意兼顾村集体、贫困群众和非贫困群众的利益。

（四）资产收益扶贫的制度创新

2017年6月1日，汪洋副总理在国务院扶贫开发领导小组第17次全体会议上指出，资产收益扶贫是精准扶贫重大制度创新，也是产业扶贫的有益探索。

延川县的做法正是从制度层面做出的全新尝试。

一是改变了财政涉农资金的供给和使用机制。从财政无偿补助资金转为资产折股；从特定收益对象，转为更大群体共享；从资产通过申请审批分配，转为市场化选择、协商确定实施主体。

二是帮助了无劳动能力或弱劳动能力的贫困户精准脱贫。收益分配优先向贫困户倾斜，重点向无劳动能力或弱劳动能力的贫困户倾斜，有力地支持了对这部分贫困人口的扶贫工作。

三是丰富了群众与当地产业发展的利益联结机制。红利分享+务工增收+土地流转+产业发展带来更多机会，可以更好地帮助贫困户脱贫。

四是拓宽了贫困地区集体经济发展的途径。注重发挥村集体经济组织和合作社的纽带作用，部分收益权可配置给村集体，从而壮大了贫困地区集体经济实力。

（五）资产收益扶贫需要关注的问题

1. 需高度关注和避免的问题

一是产业基础不牢，可能出现“无利可分”。忽视产业培育和产业发展，追求短期利益资产收益扶贫的“戏”唱得再红火，也难以给贫困群众带来真实惠。

二是对财政投入依赖过强，收益可持续性堪忧。资产收益扶贫的资金来源主要靠财政补助和银行贷款，贷款有财政贴息、政府性担保机构担保，享受风险补偿，此外龙头企业或专业合作社优先享受其他财政补助。对贫困户的红利返还可能还不及财政贴息规模，使得资产收益扶贫实际上变成了财政兜底。这种缺乏必要的“造血”和盈利能力的扶贫，财政一旦“断奶”，贫困群众收益就难以保障。

三是风险意识淡薄，重收入增长，轻风险防范。在推进资产收益扶贫时，一种倾向性做法是关注项目红利较多，而关注短期内能否帮助贫困群众增收脱贫较少，对风险隐患重视不够。在选择资产收益扶贫项目时，只看到纸面收益，对轻资产、高杠杆项目的风险缺少警惕性。甚至有通过贴息鼓励贫困群众将小额信贷资金投入企业，变相为企业融资而非资产收益扶贫的现象发生。

2. 进一步规范资产收益扶贫的举措

2017年5月31日，财政部、农业部和国务院扶贫办联合发布《关于做好财政支农资金支持资产收益扶贫工作的通知》，进一步规范资产收益扶贫工作。

一是要遵循四大基本原则。因地制宜，稳步推进；产业为本，注重实效；加强引导，强化风控；完善制度，规范运行。

二是要抓好六大实施环节。立足优势产业选好项目；严格选好实施主体，完善民主决策机制；注重形成物化资产，警惕高杠杆运营的风险；实施差异化扶持政策，防止“泛福利化”；切实保障贫困户收益；适时开展动态调整，调整出的资产收益权可分配给其他贫困户，或用于发展村级公益事业。

三是要夯实五大保障措施。具体包括：加强组织领导；强化风险防控，及时发现和纠正工作中出现的苗头性、倾向性问题，杜绝出现区域性、系统性风险；严格监督管理，切实加强资金监管，落实公开公示制度，按照有关规定严肃查处违法违纪违规行为；健全激励机制；营造良好氛围，加强宣传，提高政策知晓度，增强主体意识和参与积极性。

案例十二　四川开江之“联合党建”扶贫

抓好党建工作，促进脱贫攻坚，是贫困地区脱贫致富的重要经验。习近平总书记指出，越是进行脱贫攻坚战，越是要加强和改善党的领导。四川省达州市开江县深入贯彻落实中央、省、市党建扶贫决策部署，坚持以“党建挂帅”，从基层党组织的设置、运行、功能、示范四大体系入手，积极构建基层党建与脱贫攻坚相融互动、同频共振新格局。2016年，开江县退出贫困村12个，贫困发生率下降至4.79%，圆满实现“首战首胜”。“基层党建+扶贫攻坚”的模式也被纳入全国基层党建100个成功案例之中。

（一）基本情况

开江县地处四川东北部、大巴山南麓，位于渠江支流明月江的两大源头白岩河、新宁河流经之地。与宣汉县、达川区和重庆市梁平县、开县毗邻，属于秦巴山区特殊类型贫困地区和川陕革命老区。开江历史悠久，旧名新宁县，有1450多年历史。建置以前，春秋战国时属巴国。

开江县全境幅员面积1032.55平方公里，辖20个乡镇、196个行政村（含3个农村社区）。2011年，开江全县公安户籍总人口为60.34万人，其中非农业人口9.85万人。2011年，人口出生率为12.5‰，死亡率为6.98‰，自然增长率为5.52‰，计生率为84.92%。开江县属散杂居少数民族地区，全县分布有藏族、满族、回族、土家族等26个族别。

2001年开江县被列入有扶贫工作任务县，2005年被列入革命老区县，2009年被列入四川省第二批扩权强县试点县，2011年被四川省纳入秦巴山区集中连片特殊困难地区片区县。中央开展精准扶贫工作以来，开江县坚持锐意创新，以“精准扶贫、精准脱贫”为总体目标，探索出“基层党建+精准扶贫”的创新扶贫模式，以“联合党建”为扶贫攻坚的重要工作方式，从路、水、电、网等基础设施建设出发“改穷貌”；以种、养、销、游为重点，大力培育支柱产业“拔穷根”。开江县“基层党建+精准扶贫”的创新模式扶贫效果显著，2014年，通过精准识别，全县共有建档立卡贫困村51个、贫困人口20446户59796人，贫困发生率为12.04%。2016年，开江县退出贫困村12个，贫困发生率下降至4.79%。①“基层党建+扶贫攻坚”的模式也被纳入全国基层党建100个成功案例之中。

（二）主要做法

开江县根据本地的实际，打破常规，在基层组织设置上进行创新，组建联合党委来引领扶贫，探索出一条企业帮穷村、强村带弱村的扶贫新路。其具体做法是：坚持“乡镇统筹、以强带弱、以富带穷、村村互动、企地共建、资源共享、共创共建”的原则，积极发挥镇、村、企业资源优势，大力实施“1+N”脱贫攻坚党组织“联建共创”工程，灵活

---

① 开江县人民政府网信息披露http://www.sckaijiang.gov.cn/special/16/index.html

采取“先进村+贫困村”“龙头企业+贫困村”“技术协会+贫困村”“专业合作社+贫困村”等方式，因地制宜地把贫困村与位置相邻的先进村、产业联动的龙头企业、优势互补的专业协会党组织结合起来，建立目标同向、行动一致的精准脱贫联合党委51个，全面实现建档立卡贫困村联合党委有形、有效“两个全覆盖”。

其中联合党委隶属乡镇党委管理，由乡镇党委副书记担任联合党委书记，贫困村第一书记、企业负责人等担任联合党委副书记，各村党支部书记和乡镇办工作人员担任联合党委成员。由乡镇党委牵头，党组织成员共同参与，明确共建目标，制订共建计划，签订共建协议，共同寻找发展结合点。乡镇、部门、村、企业各确定1名工作人员担任联络员，负责日常工作。每月召开1次党员代表联席会议，分解落实共建任务事项，成立联合党组织。

通过实施“党群联心”工程，结合脱贫攻坚蹲点督导，使党员干部与贫困群众结对认亲，实现了县级领导干部联系乡镇、挂包重点贫困村，县级部门帮扶村、挂包重点贫困村和入户干部联系居民户、帮扶贫困户“三个全覆盖”。在联合党建扶贫模式下，开江县突出发挥党员带动作用。创新开展县级党员干部走遍帮扶村庄、科技党员干部走遍村组、普通党员干部走遍帮扶农家活动，实施先富党员带头致富、带动致富和贫困党员脱贫示范行动，帮带缺资金、缺技术的贫困户创业，定期组织贫困群众到党员创业致富示范基地、示范户参观学习，引领贫困群众增收。开江县在明确了

“联合党建”的扶贫工作纲领后，分别从改善基础设施“改穷貌”、建立支撑产业“拔穷根”、调动返乡人员“共参与”、鼓励贫困户入股参与分红、发展乡村旅游绿色脱贫5个方面开展具体工作。

1. 改善基础设施

开江县通过政府支持、项目拉动、企业参与、村级配合等方式，对贫困村的路网、水利、危房等基础设施进行了大投入，有效地改进了贫困村的基础环境，为脱贫致富打下良好的基础。例如：开江县宝石镇程家沟村是开江县51个建档立卡贫困村之一，基础设施条件很差，近年来，政府投资4000万，改扩建道路11公里，硬化社区道路20公里，新修产业路45公里，新建蓄水池85口，整治山坪塘72口，解决人畜饮水12处，改厨、改厕、改圈48户，投资130万元，完成村电视光纤网络建设，实现全村网络全覆盖；开江县永兴镇柳家坪村平均海拔800米以上，有建档立卡贫困户404人。扶贫过程中政府投资500万元，全面改造水泥道路10公里，硬化社区道路10公里，新建产业便道8公里，拓宽村主干道路2.5公里，建设集中饮用水点3处、饮用水井175口、畜水池19口、山坪塘14口，改厨、改厕、改圈50余户。基础设施的改进，使贫困户出行方便了，种出的产品也比较容易销出去，外部的资源也比较容易引进来，打通了贫困地区与发展地区在资源互动方面的障碍。

2. 支撑产业发展

产业扶贫是让贫困户永远脱贫的利器。贫困山区虽然耕地少，但荒山丘陵有时也是聚宝盆，关键是要建好一个产业，并把产业链打造完整。不能仅有种植，还要有储备与加工，有与市场直接对接的公司。橄榄油是世界公认最健康的食用油，被誉为“液体软黄金”。开江县根据本地的自然资源优势，近年来大力发展油橄榄，将油橄榄产业作为特色优势农业产业重点推进，为贫困户带来很大收益。开江县是中国油橄榄主产区，引种发展油橄榄已达40年，通过多年的努力，开江县油橄榄品种资源得到有效保护，苗木培育初具规模，基地建设进展顺利，“政府引导、业主开发、部门服务、农户参与”的运行机制基本形成。依托开江天源油橄榄公司对贫困户进行科技培训，让有劳动力的贫困户掌握实用种植技术。开江县贫困户把油橄榄树当成致富树精心栽种，树年年长，果年年结，钱年年进，技术不担心，销售不用愁，油橄榄成为开江贫困户致富的法宝。开江县采取“公司+基地+协会+农户”的模式经营管理，解决油橄榄种植户单个经营、管理水平落后的问题，提高了油橄榄产量和效益。油橄榄的发展与全面推广不仅使生态得到保护，而且还成为老百姓增收致富重要渠道，一座座荒山真正变成了“金山银山”。要使油橄榄真正成为脱贫致富的主导性产业，必须不断延伸产业链。开江县与中国林科院油橄榄研究所、四川大学华西药学院等科研院所建立合作关系，油橄榄产品开发向纵深发展，全方位打造油橄榄精深加工链条，开发系列产品，包括橄榄鸡、橄榄鱼、橄榄酒、橄榄护肤品等特色产品。

3. 调动返乡人员共同参与

让回乡创业转化本地资源。我国有2亿多外出务工者，这些人在城里打工，增长了见识，学会了经营，而且知道城里什么样的产品有销路。如何营造良好的氛围，吸引各类人才下乡，鼓励返乡人才创业，带动地方经济发展值得各级政府思考。贫困地区更要采取有效的政策吸引部分有志农业的青年返乡，重新构建双重循环回路，培养一批脱贫致富能手，通过给予返乡创业者荣誉与奖励，吸引更多的能人留在农村，让贫困地区走出贫困。开江县积极吸引农民工回乡创业，建立秦巴野猪、跑山鸡、林下野鸡等养殖示范基地多个。返乡创业者不但自己“脱贫摘帽”，而且通过规模养殖，还带动本村其他村民脱贫致富。

4. 鼓励贫困户入股参与分红

贫困户往往因为缺乏资金，在产业开发与发展中进入贫困陷阱。开江县通过让贫困户入股来脱贫，使贫困户走上致富路。开江县回龙镇陈家沟村成立四季花果协会，建立特别党小组，引进企业发展观赏茶花980亩，带动470余户贫困群众致富增收。建立利益联结机制，通过土体入股，农户按占地所种茶花树销售总额的3.55%分红，协调贫困户小额信贷100万元入股茶花基地，茶花公司前3年为每户贫困户每年按10%的比例进行分红。

5. 发展乡村旅游绿色脱贫

乡村旅游观光带来绿色脱贫。随着贫困地区基础设施的改进，道路的改善，会吸引一大批城里人到农村观光、旅游、度假，农村的绿水青山、田园风光、乡土文化、土特产品对消费者的吸引力非常大。开江县通过对贫困户的基础设施的改建，发展油菜、银杏、油橄榄等特色产业，已形成连片开发，每年春节花海飘香、橄榄溢翠。开江县充分利用这些优势，发展特色乡村旅游品牌，为贫困村探索出另外一条致富路。

（三）扶贫资金使用原则

开江县按照“项目一个单子、资金一个盘子、监管一把尺子”的原则，充分发挥财政职能职责，合理统筹整合涉农资源资金，确保如期完成“两不愁、三保障、四个好”的脱贫攻坚任务，全面实现全县贫困村贫困户脱贫摘帽。

一是项目资金保障有力。2017年16个拟退出贫困村脱贫攻坚计划投资金额16402万元（其中：上级专款11248万元，易地扶贫搬迁资金5154万元），重点保障幸福美丽新村、文化室建设、安全饮水、广播村村响、危房改造等项目。

二是涉农资金整合高效。计划纳入2017年统筹整合的涉农资金为40948万元，目前已到位金额24851万元，主要用于“三农”的基础设施建设、公共服务建设、产业发展等涉农项目。

三是资金监管安全保质。制定了《开江县财政专项扶贫资金监督管理办法》《开江县统筹整合使用财政涉农资金管理办法》《开江县财政专项扶贫资金项目公告公示实施办法》，建立并完善扶贫资金监管制度，开展了财政扶贫领域突出问题专项整治工作，做到日常监管和专项整治相结合。

（四）主要成效

“联合党建”的扶贫新模式在开江实施3年，颇具成效。

一是基层党组织力量不断增强。开江县始终把建强贫困村基层党组织作为推进脱贫攻坚的“牛鼻子”，结合帮扶工作需要，打破常规设置模式，灵活采取多种方式建成联合党组织，筑牢了脱贫攻坚的“一线堡垒”。

二是党员干部辐射带动能力显著提高。按照县级领导定点帮扶1—3个建档立卡贫困村，县级部门定点帮扶1个建档立卡贫困村，党员干部重点帮扶3—5户贫困户的原则，全县1.1万余名机关党员与5.12万名贫困群众结成对子，帮助找准贫困根源、规划脱贫道路、坚定奔康信念、破解致富障碍。自2016年以来，全县党员干部共向农民发放农科资料9480份，为贫困群众争取小额信用贷款、扶贫再贷款资金4.99亿元，引进特色产业209项，落实脱贫项目496个、脱贫资金1.8亿元，让贫困群众走上了奔康致富的“快车道”。

三是数万贫困群众劳动脱贫。通过各级党组织和党员干部的宣传发动、政策宣讲和带头示范，开江县贫困群众主动摒弃“等、靠、要”思想，苦干、实干、大干的风气在贫困乡村基本形成。截至2016年，累计已有9000余名贫困群众主动到附近产业园区、生产基地务工，2000余户贫困户自主创办养殖、种植、乡村旅游等致富产业，28387名贫困群众成功脱贫。

四是增收致富效果显著。开江县通过整合农村各类组织，将产业基地、龙头企业、合作组织、致富能人凝聚到村党组织周围，一方面为各类组织保障劳动力，另一方面有效带动群众增收致富。2016年，全县农村居民人均可支配收入达12109元，同比增长9.6%，地区生产总值达到111.9亿元，地方一般公共预算收入达到4.55亿元。

（五）重要价值与经验借鉴

1. 开江县通过抓党建促脱贫的重要价值

第一，打破常规，创新基层组织设置。坚强有力的基层党组织是实施精准扶贫、实现精准脱贫的重要基础。开江县打破基层党组织常规设置形式，坚持“乡镇统筹、以强带弱、以富带穷、村村互动、企地共建、资源共享、共创共建”的原则，大力实施“1+N”脱贫攻坚党组织“联建共创”工程，建立“乡镇+村+企业”党组织模式，充分整合资源，发挥乡镇、部门、村、企业等资源优势。

第二，理顺关系，提高基层组织运行效率。为切实统筹好各类帮扶单位和扶贫力量，最大限度地发挥精准脱贫攻坚合力，开江县建立了干部共配、村务共管、资源共用、基础共建、成果共享“五位一体”运行机制。企业为贫困村提供物质、技术、资金等方面的支持，富裕村为贫困村提供发展模式、技术咨询、人力支持，贫困村为企业提供流转土地、产业基地、就近劳动力等服务，切实把“5+1”帮扶力量凝聚成“拳头”。联合党委将各种优势资源聚合到贫困村，齐心协力、发力猛攻精准脱贫。2016年，省市县帮扶单位上下联动、内外联结、左右联合，为贫困村争取实施交通、水利、产业、教育、医疗卫生、通信网络等项目500余个，到位资金1.2亿元，使脱贫工作走在了全市前列。

第三，巩固阵地，拓展基层组织功能。开江县按照村级组织活动场所和便民服务中心、农业培训中心、文化体育中心、卫生计生中心、综合调解中心、农家购物中心“1+6”村级公共服务体系的要求，对于无活动场所或阵地不达标的贫困村，由县财政增拨专项资金，加大贫困村组织活动场所“硬件达标、软件升级”的改造力度。通过项目新建、资产划拨、改造提升、开发配套、帮扶援建等多种方式，建成集党务、村务、医务、商务和事务“五位一体”运行的村级公共服务中心10个，开办农民夜校196个。不仅如此，全县还解决了42个贫困村无独立活动场所的问题，真正把基层组织活动场所建成了联系服务群众、落实扶贫措施的重要阵地，确保了“有地方议事、有阵地办事”。

第四，突出引领，发挥基层组织示范作用。“样板引领整体，示范带动全局”，开江县坚持以示范建设引领基层党建、推动精准脱贫，深入开展“班子建设星”“党员作用星”“制度机制星”“工作实绩星”“群众满意星”“五星党组织”评选活动。2016年，通过公开赛，在51个贫困村打造党建示范点13个、先进党组织18个。同时，开江县还深化县级党员干部走遍帮扶村庄、科级党员干部走遍村组、普通党员干部走遍帮扶农家“三走”活动，全县97个县级党组织、1.8万余名党员干部与3.9万余名贫困群众结对认亲；实施先富党员“双带”行动和贫困党员脱贫示范工程，在贫困村确定20%的党员为致富带头人，每名带头人帮带10户缺资金、缺技术的贫困户创业，支持帮助发展或参与银杏、油橄榄等精准扶贫产业示范项目156个，示范引领1.2万贫困群众实现脱贫奔小康。

第五，授人以渔，开展“造血”式扶贫。开江县紧抓精准扶贫大趋势，按照新时期扶贫开发工作的特点，充分发挥群众的主观能动性，以群众为主体推进脱贫工作。为发展壮大贫困村集体经济，积极鼓励贫困户自主创业、脱贫致富，开江县在每个贫困村设立30万产业扶持基金，用于支持贫困户和村集体经济组织发展种植业、养殖业、农村电商、农旅结合等，切实解决贫困户在产业发展上的资金短缺问题。宝石镇程家沟村通过打造油橄榄种植基地、万亩银杏园，建设光伏发电基地等，发展系列产业扶贫项目；同时借力宝石湖国家级水利风景名胜区建设，发展旅游度假、休闲娱乐等旅游项目，大力发展长效产业，加速推动扶贫由“输血型”向“造血型”方向发展。

第六，绿色扶贫，注重生态保护。在新时期，我国生态文明建设与扶贫开发的良性互动局面正在形成。开江县认识到，绿色产业是增收致富的新途径，将生态发展和扶贫工作有机结合，通过打造生态健康、可持续发展的绿色产业，打好扶贫攻坚战。回龙镇陈家沟村是省建档立卡贫困村，按照“山上峨城山、山下花果山”的梯次产业发展模式，以“兴脱贫致富产业、建乡村旅游新村”的理念统领经济发展，带动全村脱贫致富。漫山遍野争相开放的山茶花、树林里奔跑的山鸡、硕果累累的果树，处处都映射着开江县绿色可持续发展的缩影。

2. 开江模式对精准脱贫的借鉴意义

一是要始终把健全组织、完善体系作为基层党建和基层治理的基础，把触角延伸到精准扶贫的一线。精准扶贫更重要的任务是实现基层社会治理同步进行，要把扶贫开发同基层组织建设有机结合起来，抓好以村党组织为核心的村级组织配套建设，鼓励和选派思想好、作风正、能力强的优秀干部到贫困村工作，真正把基层党组织建设成带领群众脱贫致富的坚强战斗堡垒。开江县通过企业党支部与贫困村党支部联建、先进村党支部与贫困村党支部联建、技术协会党支部与贫困村党支部联建等，将组织建设与扶贫工作联结起来。县委组织部在帮扶永兴镇柳家坪村的过程中，紧扣“三个坚持”，以强带弱，联建党支部，提高群众增收致富能力，聚集上下力量啃“硬骨头”，实现了党建与帮扶“双赢”的局面。

二是要始终把抓好班子、建强队伍作为基层党建和社会治理的重点，将关键力量下沉到精准扶贫的一线。抓好贫困地区干部队伍建设是扶贫攻坚的一项基础性工作，选好配强贫困地区领导班子是扶贫开发的关键所在。要做到扶贫开发“有人管事”，就要抓住选好配强村级党组织领导班子这个关键，夯实扶贫攻坚的基础。开江县通过甄别、培训等措施，下派第一书记51名、驻村干部186名。同时，结合脱贫攻坚蹲点督导，全面落实“六个一”帮扶机制，通过精准选配干部，将基层干部力量聚合在一线。

三是要始终把组织群众、发动群众、联系群众作为扶贫工作的重要环节，将各类资源整合到一线。习近平总书记在2015年中央扶贫开发工作会议上强调，要重视发挥广大基层干部群众的首创精神，让他们的心热起来、行动起来，靠辛勤劳动改变贫困落后面貌。要动员全社会力量广泛参与扶贫事业。开江县把群众最关切、最现实的问题摆在首位，始终团结一切可以团结的力量，把扶贫工作作为群众工作的重要环节，激发群众主体意识。他们坚定不移实施扶贫开发战略，以实干创造脱贫实效，激励广大党员主动扎根服务一线，冲在扶贫攻坚主战场，引导贫困群众不等不靠抓发展、艰苦奋斗干事业，用双手改变贫困落后的面貌。开江县还回引优秀人才，引导鼓励在外务工经商的党员回乡创业，带动3000余名群众就地就业，激活了脱贫攻坚的内生动力。

四是要始终把落实制度、健全机制作为保障，把责任强化到精准扶贫的一线。坚持精准扶贫、精准脱贫，重在提高脱贫攻坚成效，其中的关键是要找准路子、构建好的体制机制，在精准施策上出实招、在精准推进上下实功、在精准落地上见实效。开江县结合实际，全面深刻理解和领会习近平总书记关于新时期扶贫开发战略思想，将精准扶贫的思想渗透到全县的上上下下、各个方位，在全县上下推行“一联两带四促”工作机制，实现组织共联、人员共搭、村务共管、资源共用、基础共建、成果共享，从而强化党委的领导牵头作用，确保机制落地见效。

后记

党的十九大报告中，习近平总书记强调，让贫困人口和贫困地区同全国一道进入全面小康社会是我们党的庄严承诺。要动员全党全国全社会力量，坚持精准扶贫、精准脱贫，确保到2020年我国现行标准下农村贫困人口实现脱贫，贫困县全部摘帽，解决区域性整体贫困，做到脱真贫、真脱贫。彰显出中国共产党带领全国人民如期全面建成小康社会的决心和信心。

在决胜全面建成小康社会的关键时期，如何在思想上、政策上和工作实践中真正做到精准扶贫、精准脱贫至关重要。我们应河北人民出版社之约，组织国家行政学院部分专家学者和其他单位专家共同编写了这本《新时代怎样做到精准扶贫》，以习近平总书记新时代中国特色社会主义思想为指导，从精准扶贫的关键环节和重要关系入手，以问题为导向，提出打赢脱贫攻坚战的各项措施和政策保障体系，尤其是通过典型案例分析，探讨如何集中全党全国全社会的力量凝心聚力打赢脱贫攻坚战。

本书由国家行政学院经济学教研部主任张占斌教授和经济学教研部副主任张青教授主持编写，张青和相雪梅负责文字处理工作。参加书稿各章和案例编写工作的专家学者有张占斌、张青、蔡之兵、相雪梅、黄锟、张璟、孙迎春、冯晓煜、白晓明、杨慧莲、高丽菲等。

在本书编写过程中，国家行政学院的领导给予了大力支持。编写本书，既是学习领会党的十九大精神的一种体现，也是十九大精神在教学、科研、咨询工作中的贯彻落实。在此过程中，我们对习近平新时代中国特色社会主义思想有了更为深刻的认识。

非常感谢河北人民出版社领导和编辑对本书出版的支持与帮助。

由于水平有限，书中不妥之处，欢迎读者批评指正。

编　者

2017年11月10日